ANGELIKA WOLK-GERCHE

NATÜRLICH BUNT

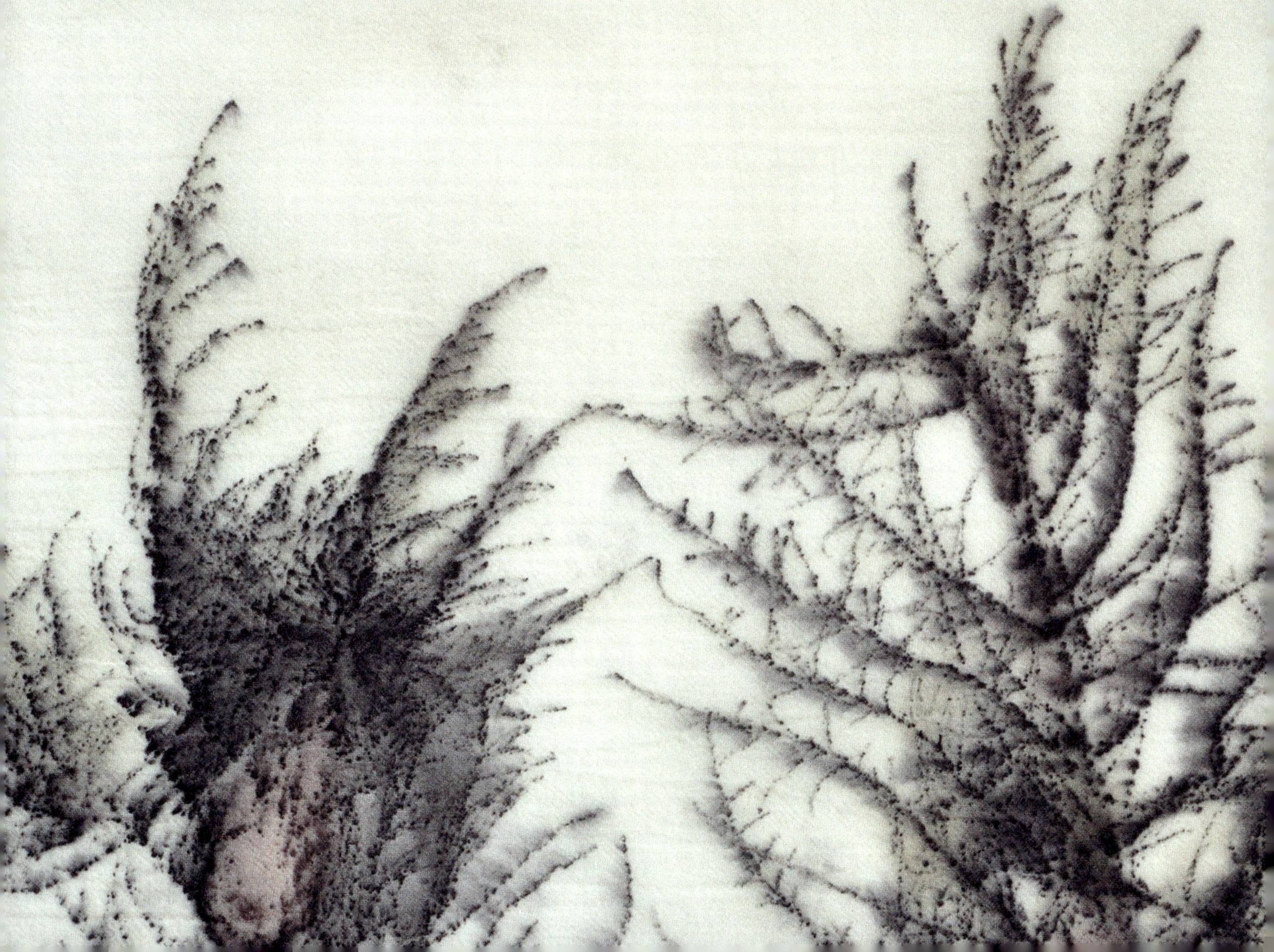

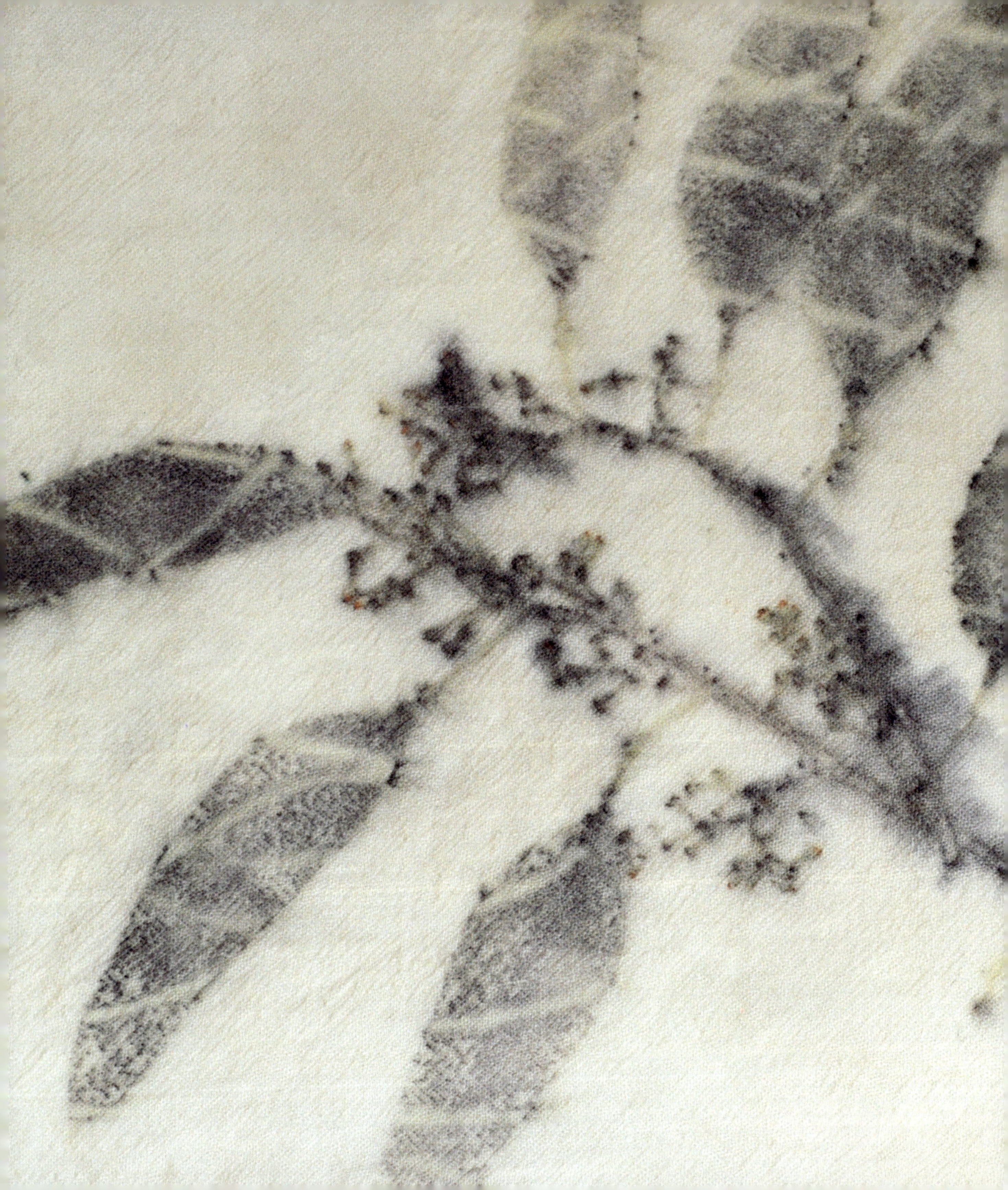

ANGELIKA WOLK-GERCHE

NATÜRLICH BUNT

DRUCKEN & FÄRBEN MIT PFLANZEN

VERLAG FREIES GEISTESLEBEN

INHALT

VON AHORN BIS ZWIEBEL

EINLEITUNG

Wie eine «Wundertüte», so kommt es einem manchmal vor: das Drucken, Kontaktfärben (*Ecoprint*) oder Bündelfärben, (*Bundle Dye*) mit Pflanzen. Denn so ganz genau vorhersagen kann man nie, was die Wundertüte bzw. die fertig gedämpfte Stoffrolle schließlich preisgibt.

Wer es zu seinem neuen Hobby auserkoren hat oder sich sogar beruflich damit beschäftigen möchte, sollte ein naturbegeisterter, kreativer und experimentierfreudiger Mensch sein, der auch mal «fünf gerade sein lässt»!

Viele verschiedene Faktoren beeinflussen nämlich das Druck- und Färbeergebnis, u.a. zu welcher Jahreszeit und an welchem Standort ich meine Färbepflanze geerntet habe und auch wie die Wetterverhältnisse waren. Sogar die Tagesform der Färberin oder des Färbers – möchte ich meinen – spielt eine Rolle.

Von allzu festen Vorstellungen, was das Ergebnis anbelangt, sollte man sich also freimachen. Sonst übersieht man, wie hübsch die auf den ersten Blick vielleicht weniger vollkommene Version eigentlich ist: Gelbgrau mit Rotstich und verschwommene Blattränder, wo man sich möglicherweise einen perfekten Blattabdruck in Rostrot gewünscht hätte. Mit der Zeit und mit wachsender Erfahrung nähern sich aber meist Resultat und Vorstellung immer mehr an.

Bei mir stellt sich immer wieder eine ganz bestimmte Faszination ein, wenn ich schließlich den fertigen Stoff in Händen halte und in Ruhe betrachten kann. Gleichsam wie eine Momentaufnahme haben sich die Blätter und Blüten auf dem Stoff «verewigt», manche kräftig und prägnant, andere wie ein Hauch nur, unscharf und zart, fast wie ein flüchtiger Gruß im Vergehen.

Eins ist gewiss: Spannung und freudige Aufregung bleiben bestehen, bei jeder gedämpften Stoffrolle, die man aufwickelt. Und ein pflanzengedruckter Stoff ist stets einzigartig und originell und somit wertvoll, wunderbar passend zum Vintage-Style, zum Landhaus-Ambiente und Shabby-Chic oder auch zum Ethno-Look. Toll ist beispielsweise auch ein einzelnes Ecoprint-Banner in einer modernen minimalistischen Wohnung.

SEHNSUCHT NACH FARBE

Wohl immer schon liebten die Menschen Farben und immer schon waren sie kreativ und schöpferisch, zu welcher Zeit und in welcher Region der Erde sie auch lebten. Die magischen Malereien in den berühmten Höhlen von Altamira oder Lascaux kommen einem in den Sinn. Die frühen Künstler verwendeten Ocker aus der Erde, Ruß, zerstoßene farbige Mineralien, Pflanzenharze, Blut und Kreide. Menschen bemalten ihre Haut und färbten ihre Kleidung. Dabei haben Pflanzensäfte von Beginn an eine wichtige Rolle gespielt.
Die Pflanzenfärberei ist ein jahrtausendealtes Handwerk und findet sich in allen Kulturen. Textilien bestehen aus vergänglichen Materialien. Nur wo die Gegebenheiten zur Konservierung günstig waren, in Mooren beispielsweise oder in luftdicht abgeschlossenen Gräbern oder im heißen, salpeterhaltigen Wüstensand, haben sich Gewebefragmente erhalten können. An vielen ließen sich Pflanzenfarbpigmente nachweisen. Seit Jahren hüte ich eine kleine peruanische Grabpuppe. Sie ist in handgewebte, farbige, pflanzengefärbte Stoffstückchen aus präkolumbischer Zeit gewickelt, die die Jahrhunderte im trockenen Wüstensand Perus überdauert haben.
Von auffallenden, farbigen Jacken und Hosen der Kelten am Donauufer berichtet uns der griechische Geschichtsschreiber Diodor (90–30 v. Chr.). Und Tacitus, dem römischen Historiker (ca. 58–120 n. Chr.), waren «germanische Weiber» aufgefallen, die in bunte, rot verbrämte Gewänder gehüllt gewesen sein sollen. Dabei wird es sich höchstwahrscheinlich um das Backsteinrot der Krapp-Pflanze gehandelt haben, mit der ab der Römerzeit bei uns Handel betrieben und die später auch kultiviert wurde. Auch die rote Kermeslaus als Farbgeber wäre denkbar. Der 1.600 Jahre alte kunstvoll gewebte «Thorsberger Prachtmantel», gefunden in einem Moor in Schleswig-Holstein, wurde nachweislich mit Färberwaid, einem Kreuzblütengewächs, gefärbt.

Wie das Spinnen und Weben gehörte auch das Färben mit Pflanzen zu den selbstverständlichen Tätigkeiten auf vielen Bauernhöfen. Die Färbepflanzen wuchsen vor der Haustür: Birkenblätter, Eichenrinde, Kamille, Kiefernzapfen, Flechten und viele mehr.
Je nach Klima, Bodenbeschaffenheit, Wasserqualität etc. unterschieden sich die Farbergebnisse ein und derselben Pflanze oft deutlich voneinander. So kann man sich vorstellen, dass jeder Landstrich seinen ganz eigenen Farbklang hatte.
Mitte des 19. Jahrhunderts wurden synthetische Farbstoffe entwickelt und mehr und mehr angewendet. Sie übertrafen die sanften Pflanzenfarben an Leuchtkraft und waren wasch- und lichtechter. Das Färben mit Pflanzen galt als überholt und «altmodisch» und wäre beinahe in Vergessenheit geraten.
Doch schauen wir noch einmal zurück in den Färbebottich einer Bäuerin im Mittelalter. War sie auch stets bestrebt fleckenlose, gleichmäßig durchgefärbte Garne und Stoffe zu produzieren, so könnte es doch möglich sein, dass einmal ein Blatt unbemerkt am Stoff haften blieb und dort seinen Abdruck hinterließ? Eine kreative Färberin oder ein Färber wird diese zusätzliche Gestaltungsmöglichkeit vielleicht fortan gezielt eingesetzt haben. Wir wissen es nicht, denn solche Gewebe sind nicht erhalten, aber es ist vorstellbar.
Schlagen wir jetzt kühn einen weiten Bogen bis in die 1990er-Jahre, bis nach Australien. Eukalyptus in Hülle und Fülle mit allen möglichen Blattformen und mit super Färbekraft umgaben und inspirierten dort eine junge Designerin, India Flint, zum Kontaktfärben auf Stoff. «Ecoprint» nannte sie diese Technik. Inzwischen hat sie zahlreiche englischsprachige Bücher zu diesem Thema verfasst und unendlich viele wunderschöne Textilien kreiert. Von Australien ausgehend verbreitete sich diese reizvolle Variation des Pflanzenfärbens und hat weltweit die Kreativszene begeistert.

ECOPRINT UND BUNDLE DYE – PFLANZENDRUCK UND BÜNDELFÄRBEN

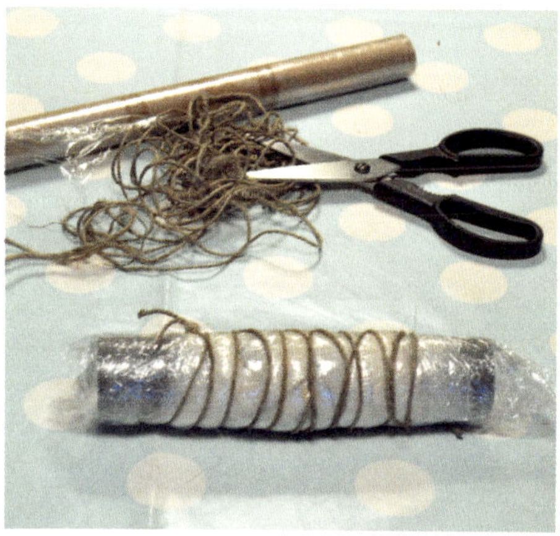

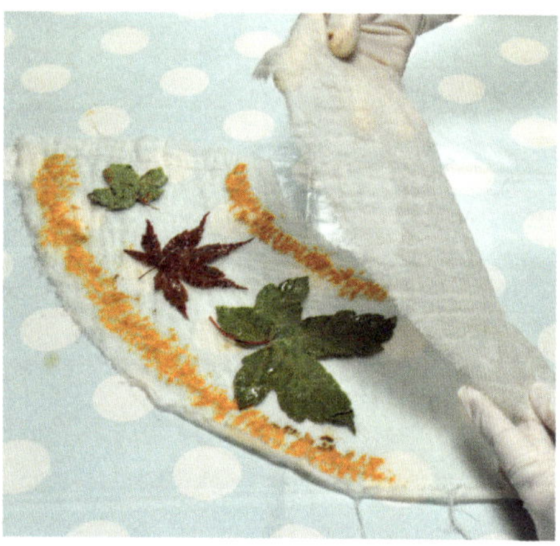

Der deutsche Begriff für *Ecoprint* ist *Pflanzendruck*. Beide Bezeichnungen beschreiben dasselbe Verfahren und tauchen im Text gleichberechtigt auf. Für *Bundle Dye* wird der deutsche Begriff *Bündelfärben* verwendet.
Sowohl Pflanzendruck als auch Bündelfärben werden unter dem Oberbegriff *Kontaktfärben* zusammengefasst.

Beim *Ecoprint* und *Bundle Dye* handelt es sich um ein handwerkliches Kontaktfärbeverfahren auf Stoff. Beim *Ecoprint* wird auf einen möglichst exakten Abdruck beispielsweise eines Laubblattes Wert gelegt. Dazu muss das Blatt einen engen Kontakt zum Stoff haben. Beides, Stoff und Blatt, wird fest und glatt um ein Rundholz, ein Kunststoffrohr o.Ä. (Wickelkern) gewickelt und anschließend mit Schnur fixiert, bevor man es im Wasserdampf dämpft.

Beim *Bundle Dyeing* steht die Farbigkeit im Vordergrund. Man benutzt vorwiegend Blütenblätter von verschiedenfarbigen Blüten und verteilt sie auf dem Stoff. Dann wird entweder eingerollt, wie zuvor beschrieben, oder man wickelt und knüllt ein willkürliches Päckchen und fixiert es mit Schnur, daher der

Begriff «Bündelfärben». Durch das anschließende Dämpfen fließen die Farben mehr oder weniger unkontrolliert aus den Blüten und Blättern und übertragen sich aquarellartig auf den Stoff. Dabei sind unzählige kochend heiße Wassertröpfchen behilflich, die die Farbpigmente aus den Pflanzenteilen holen. Die gelösten Farbsäfte vermischen sich mit der Beize, mit der der Stoff zuvor behandelt wurde, und verbinden sich so dauerhaft mit dem Stoff.
Während die vergleichsweise derben Blätter von Laubbäumen z. B. nach dem Dämpfen und Auswickeln noch weitgehend intakt sind, werden die zarten Blüten regelrecht verkocht.

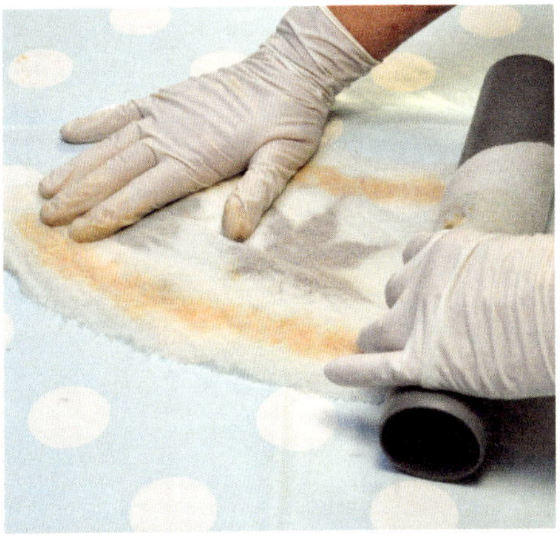

Die Übergänge vom *Ecoprint* zum *Bundle Dye* sind fließend. Ich kombiniere beide Techniken gern miteinander, wenn ich beispielsweise einen klaren Blattabdruck wünsche, der zusätzlich noch mit Farbflächen und -akzenten umgeben sein soll. Ein schönes Beispiel finden Sie auf Seite 37.

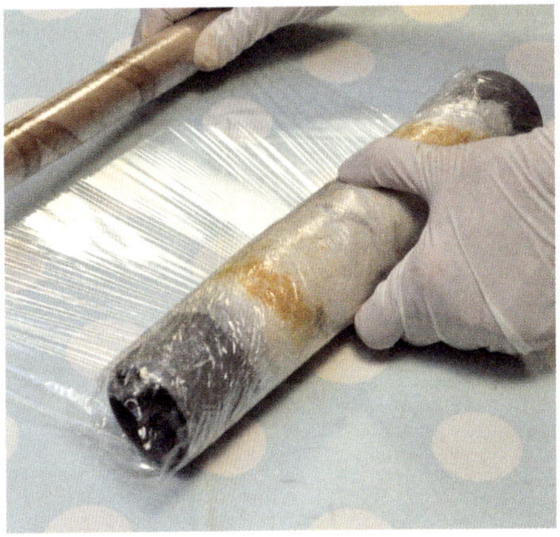

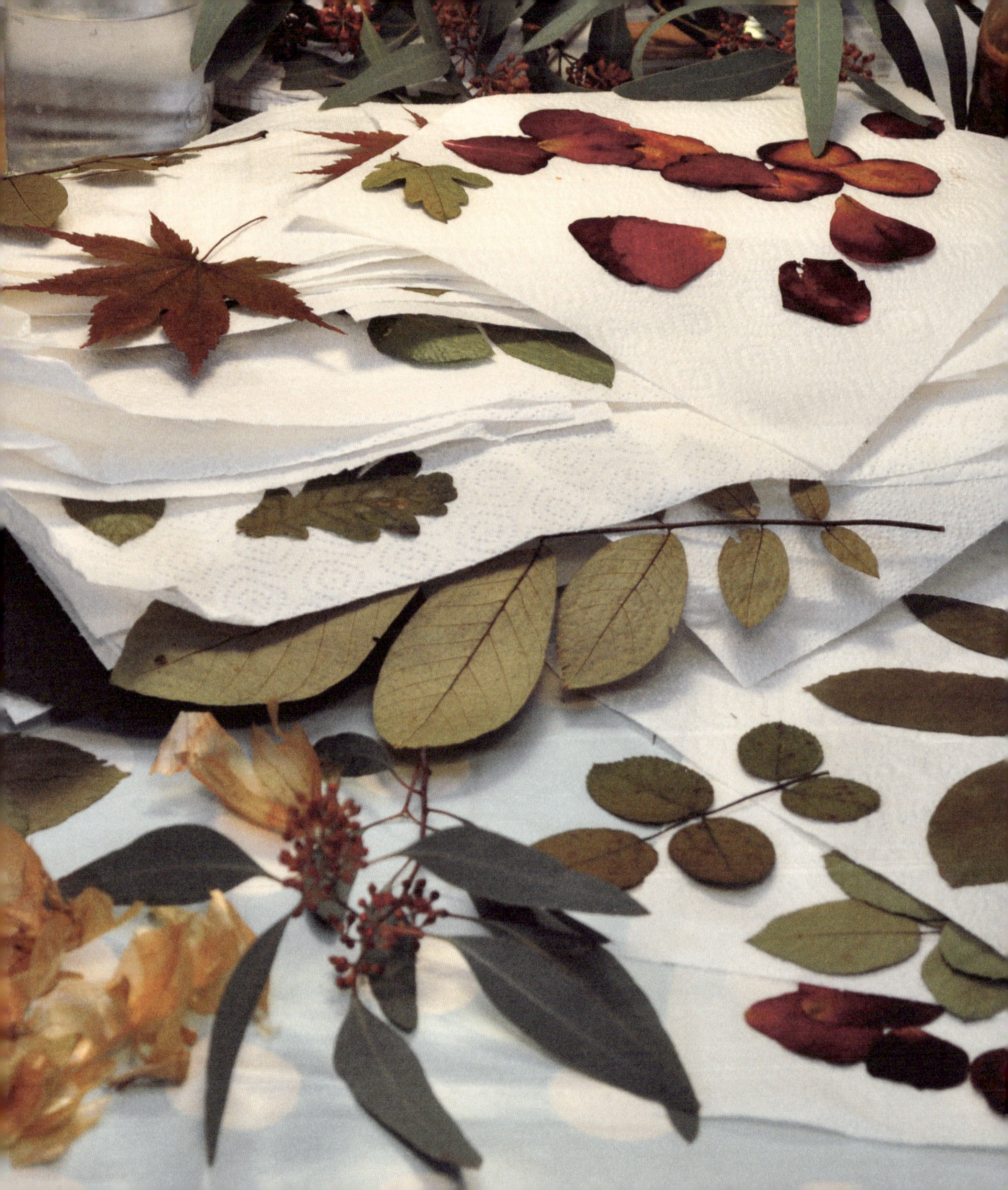

VON AHORN BIS ZWIEBEL

Pflanzen spielen natürlich die Hauptrolle bei diesem Naturfärbeverfahren. Entsprechend viel Platz wird ihnen daher bei der folgenden Auflistung eingeräumt, um mehr über ihre Besonderheiten zu erfahren. Die Beschäftigung mit den Pflanzen lässt uns auch viel aufmerksamer die Jahreszeiten erleben, und wir lernen, genauer hinzuschauen. Blätter, Stängel, Ranken, Blüten, Hölzer usw. sind alle grundsätzlich interessant für uns, aber nicht in allen stecken auch Farbstoffe, die sich auf Textilien übertragen lassen. Manche Blume, die durch ihre leuchtenden Farben auffällt, scheint sich schon derart «verausgabt» zu haben, dass sie keine Farbpigmente mehr zu vergeben hat. So erging es mir mit den bunten Petunien aus dem Balkonkasten, die während des Dämpfens überhaupt keine Farbe ausströmten, oder auch mit den knallroten Peperoni-Schoten, die ebenfalls nicht färbten. Enttäuscht wurde ich auch vom schönen Ginkgoblatt, das nicht bereit war, seine außergewöhnliche Form auf meinen Stoff zu drucken. Viele Blätter von Büschen und Bäumen färben einfach nicht. Bei anderen Blättern färben die Unterseiten besser als die Oberseiten, oder die Seiten ein und desselben Blattes färben verschieden, und einige Pflanzen färben getrocknet besser als frisch. Manche Färber sagen, dass immer die rauere Blattseite besser färbt. Ausprobieren heißt das Zauberwort!

Um Material und Arbeitskraft zu schonen, ist hier mein Tipp: Wenn ich Pflanzen habe, von denen ich nicht weiß, ob und wie sie färben, nehme ich einen Stoffrest, belege ihn mit dem Pflanzenteil und wickle es mit auf meine reguläre Rolle, die anschließend in den Dämpftopf kommt. Auf jeder Stoffrolle habe ich dadurch immer einige kleine Probestöffchen für solche Experimente. Auf diese Weise habe ich schon «neue» Färbepflanzen entdeckt und ausprobiert und musste mich andererseits auch nicht grämen, wenn das Ergebnis zu wünschen übrig ließ.

Links: Getrocknete und gepresste Blätter ergeben oftmals exaktere Drucke.

Die nun folgende Pflanzenliste erhebt keinen Anspruch auf Vollständigkeit. Aufgezählt sind Pflanzen, mit denen ich gute Erfahrungen gemacht habe. Diese möchte ich hier gerne weitergeben. Andere Färberinnen werden möglicherweise abweichende Erfahrungen machen und eigene Vorlieben entwickeln – das liegt auch in der Natur dieser Technik. Ich werde auf jeden Fall weiterhin auf der Suche sein nach geeigneten Pflanzen, und das empfehle ich auch Gleichgesinnten.
Dabei ist Folgendes zu beherzigen: Hände weg von geschützten Pflanzen. Nie zu viele Blätter und Blüten an einer Stelle pflücken und nicht mehr nehmen, als wirklich verarbeitet werden kann.
Die folgenden Abbildungen zeigen die ursprüngliche Pflanze (Blatt, Blüte, Wurzel ...) sowie einen möglichen Abdruck auf Stoff.
Wie gut die verschiedenen Pflanzen färben, zeigen die kleinen Symbole neben dem Pflanzennamen.

▨ leichte Färbekraft
▨▨ mittlere Färbekraft
▨▨▨ gute Färbekraft

Die unten auf den Seiten stehenden Farbkästchen sollen einen Eindruck vom möglichen Farbspektrum der zuvor beschriebenen Pflanzen vermitteln, wobei es immer noch Zwischenstufen und Abweichungen gibt. Das hängt, wie schon erwähnt, u.a. von Umweltfaktoren, Wasserqualität, Trägermaterialien und Beizverfahren ab.

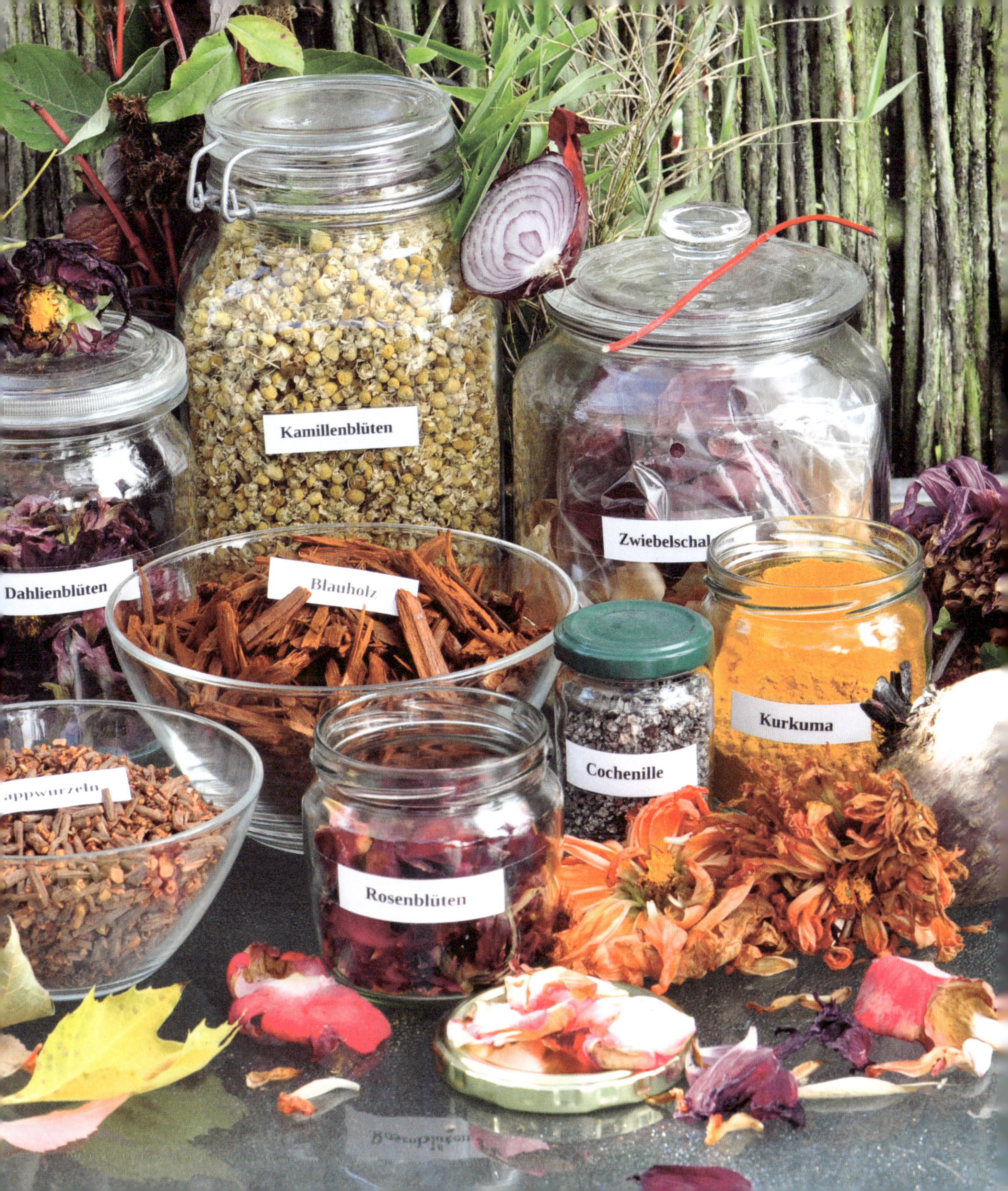
Kamillenblüten
Zwiebelschal
Dahlienblüten
Blauholz
Kurkuma
Cochenille
appwurzeln
Rosenblüten

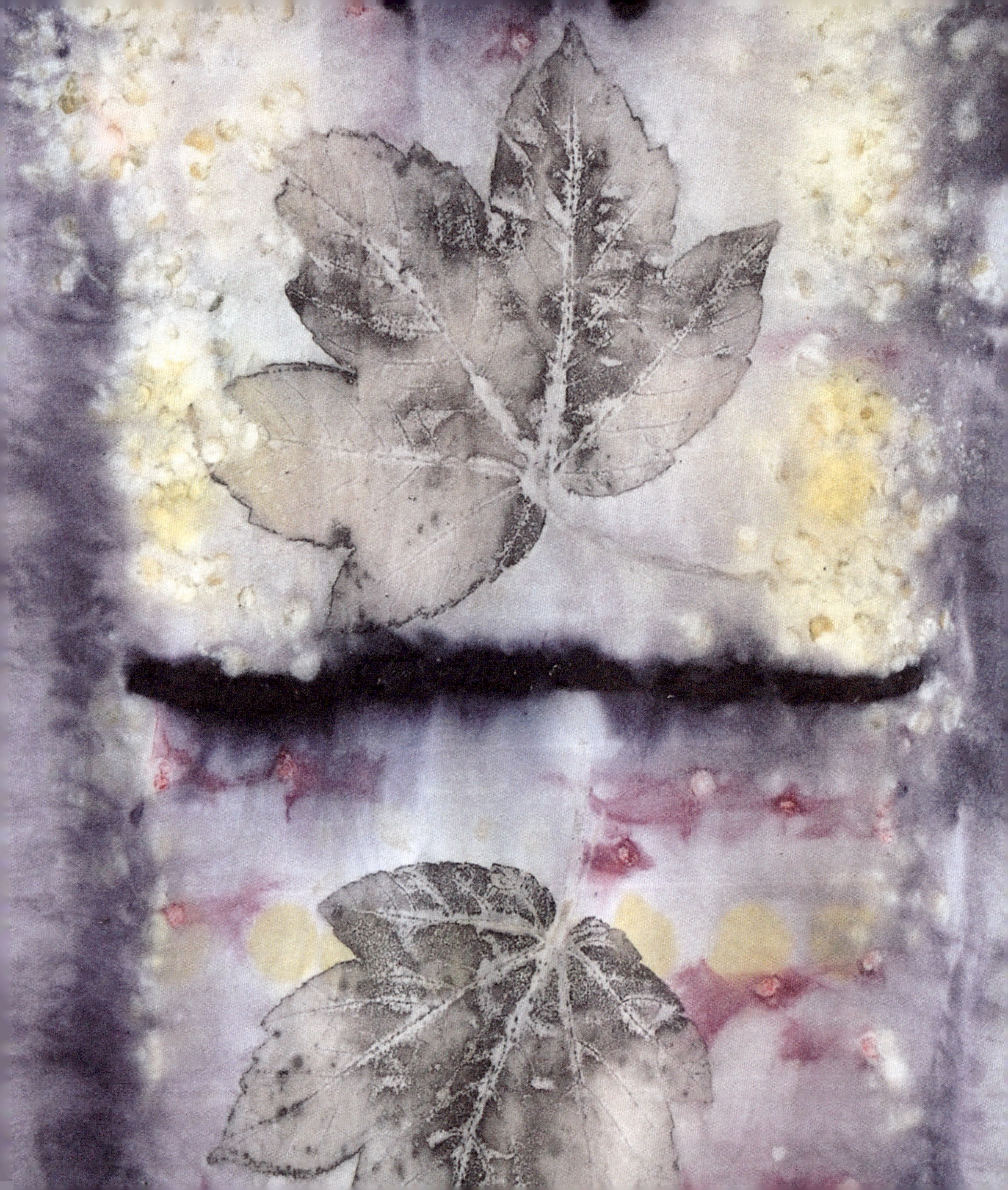

AHORN

Ahornblätter eignen sich zum Kontaktfärben ganz besonders gut und gehören zu meinen Favoriten. Zum einen geben sie reichlich Farbe ab, zum anderen haben sie sehr attraktive Blattformen. Darüber hinaus sind sie leicht zu beschaffen, denn man findet Ahornbäume fast überall: in Parks, Alleen und an Wald- und Straßenrändern. Am häufigsten wachsen in unseren Breiten Feld-, Spitz- und Bergahorn. In Gärten wird sehr gern der Fächerahorn angepflanzt. Seine tief eingeschnittenen, gelappten Blätter sind besonders hübsch.
Ober- und Unterseiten der Ahornblätter färben gleichermaßen gut. Man kann sie frisch oder auch getrocknet und gepresst verwenden.

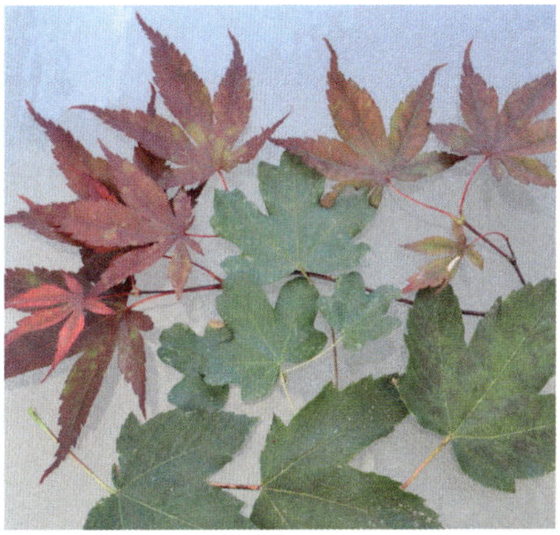

Farbspektrum: mittelgelb, olivgrün, graugrün, hellbraun, graubraun

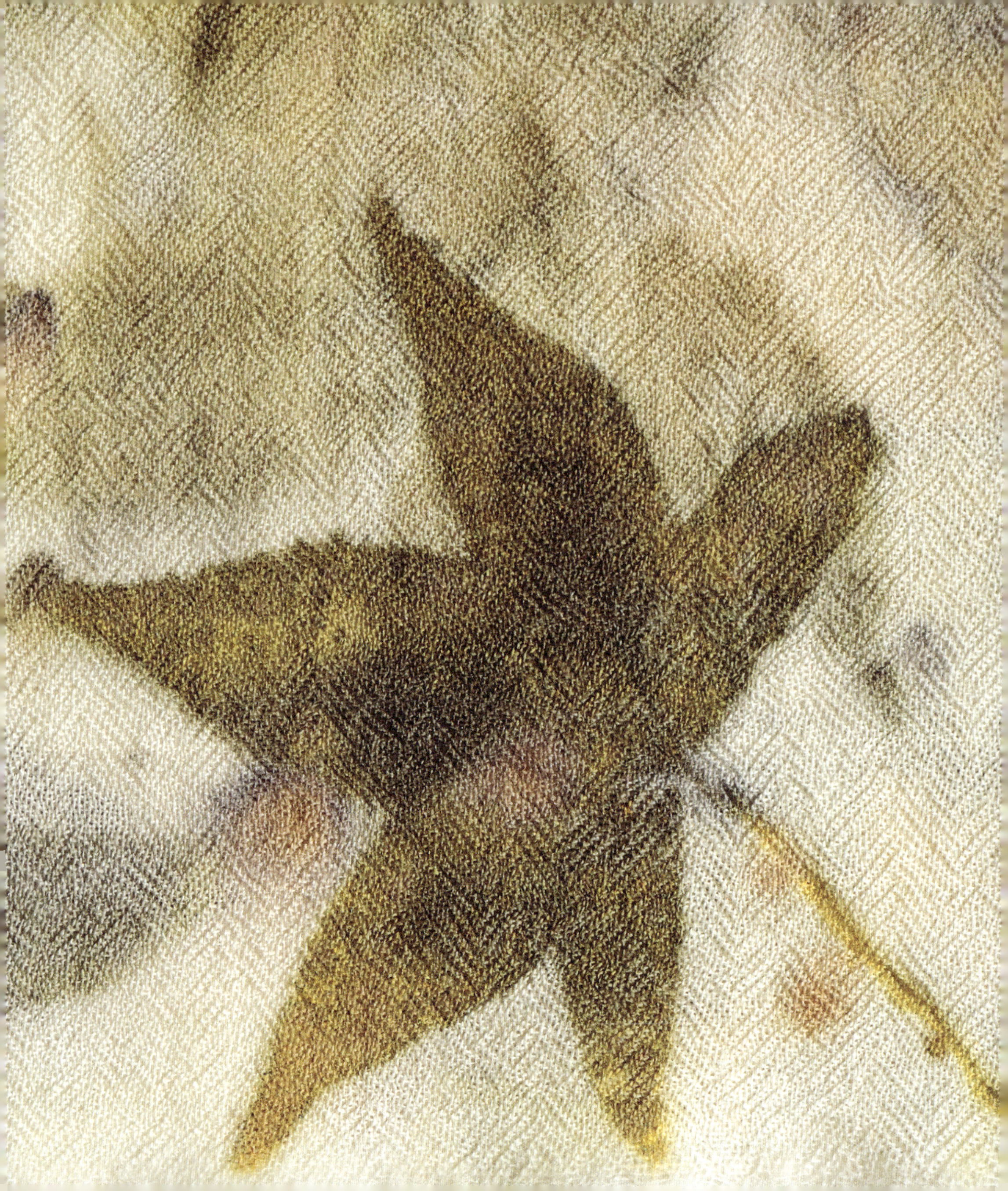

AMBERBAUM

Zu den Amberbaumblättern kam ich eher zufällig, weil nämlich eine nette Nachbarin, die von meinen Färbeaktivitäten wusste, eine Tüte voll vor meine Haustür gelegt hatte. Die leuchtend roten, beinahe pinkfarbenen Blätter waren ihr wohl ins Auge gefallen. Obwohl der Amberbaum mir bis dahin als Färbepflanze noch nicht aufgefallen war, startete ich einen Versuch und war erstaunt über die Färbekraft und die schönen Druckformen der Blätter.

Der Amberbaum stammt ursprünglich aus Amerika und ist bei uns ein beliebter Zierbaum. Die gelappten Blätter ähneln denen des Ahorns, sind aber glattrandig. Reibt man ein frisches Blatt, entfaltet sich ein angenehmer süßer Duft.

Ober- und Unterseiten der Blätter färben gleich intensiv. Die langen Blattstiele sollte man unbedingt in die Gestaltung mit einbeziehen. Amberbaumblätter färben frisch und getrocknet oder gepresst, in getrocknetem Zustand sogar noch etwas kräftiger.

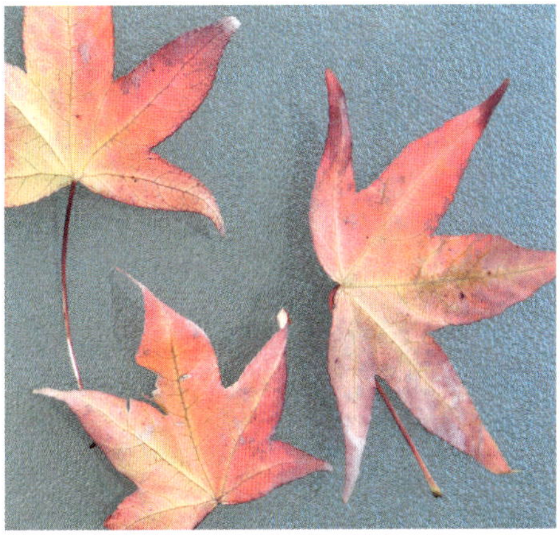

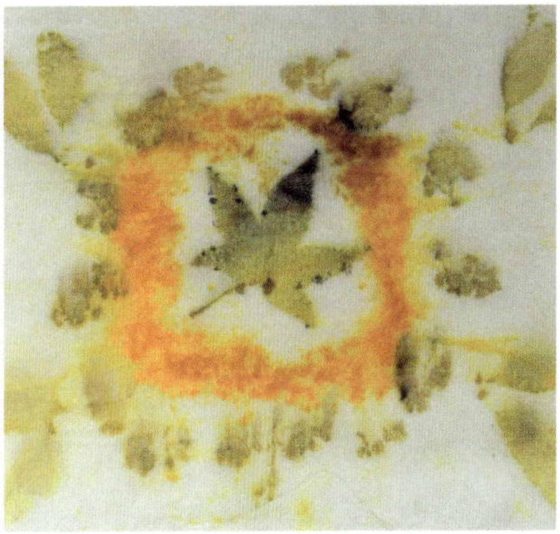

Farbspektrum: dunkelgelb, gelboliv, mittelgrün, graugrün, bräunlich-grün, hellbraun, warm-hellbraun

ASTER

Asternblüten färben «verhalten» und wirken eher in Kombination mit anderen Pflanzen.

Man kann die ganze Blüte frisch oder getrocknet zum Kontaktfärben verwenden, wenn man Wert auf die Blütenform legt.

Ansonsten wird sie zur Farbgebung mit anderen Blüten zum Bündelfärben verwendet.

Das Foto links zeigt Asternblüten (gelbgrau) im Wechsel mit Kamillenblüten.

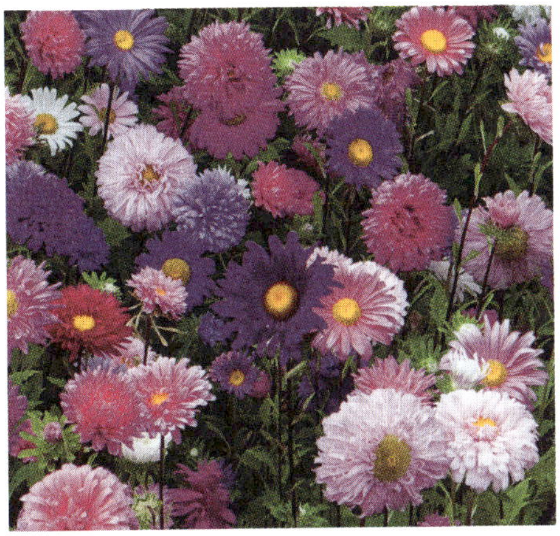

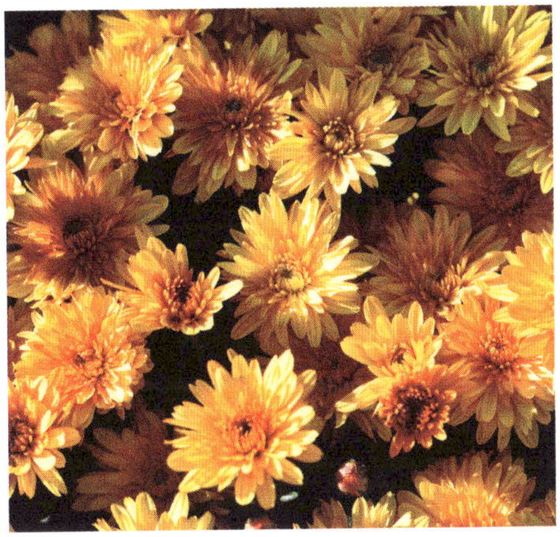

Farbspektrum je nach Blütenfarbe: hellgelb, gelbgrau, grauviolett

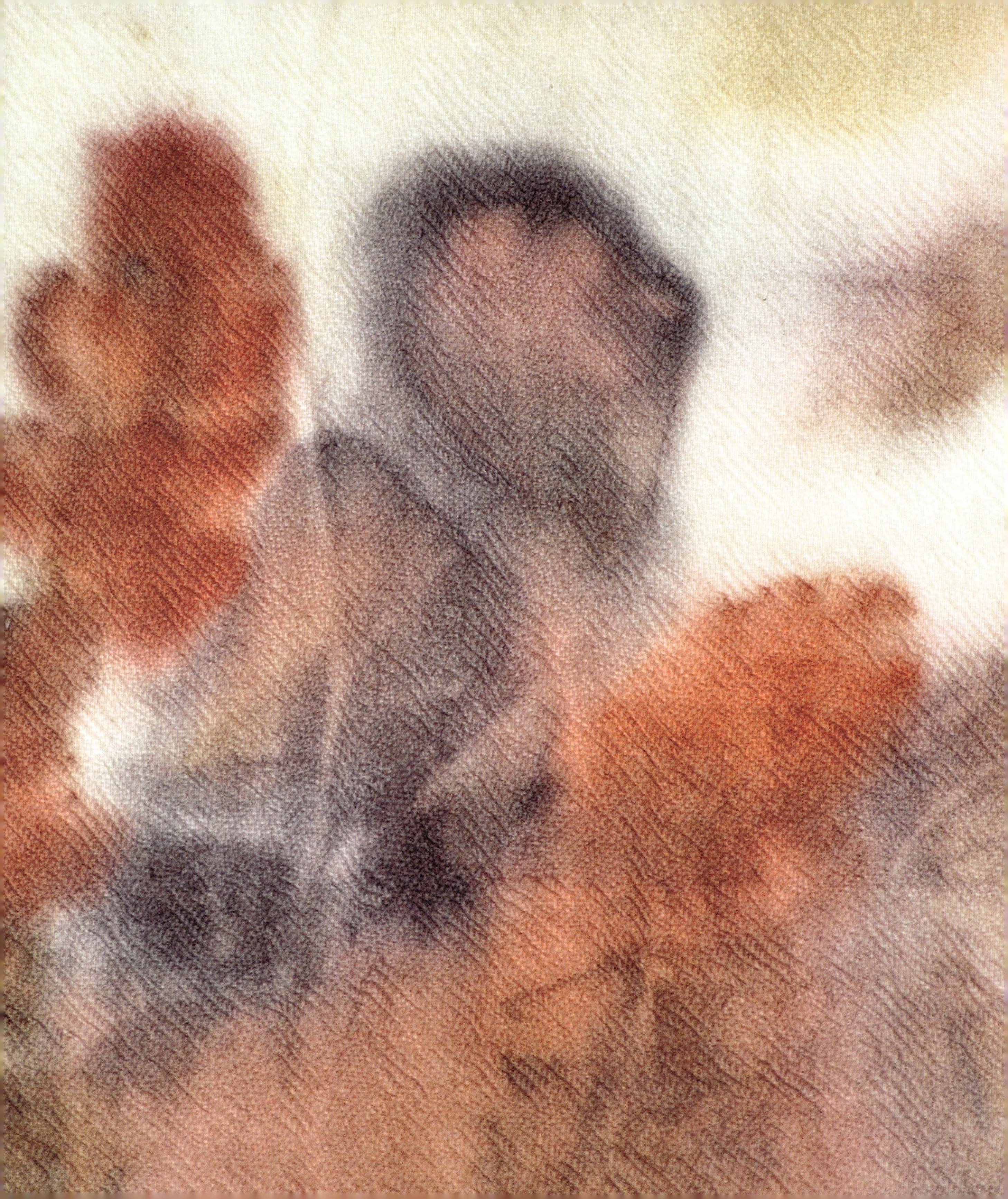

BERBERITZE

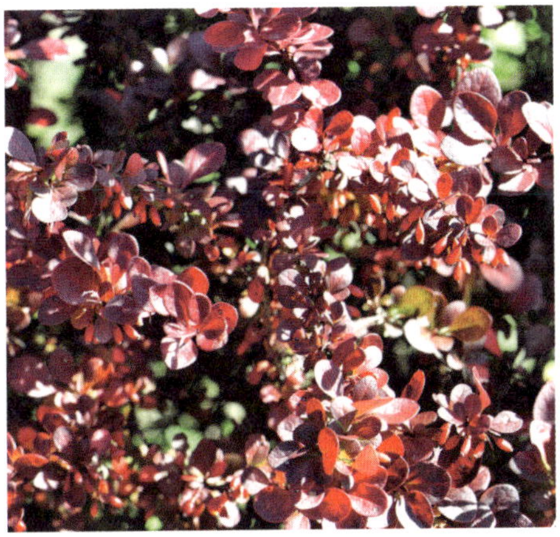

Die Berberitze, auch Sauerdorn genannt, ist eine altbewährte Färbepflanze. Der dornige Strauch mit den kleinen eiförmigen Blättern ist in vielen Gärten zu finden.

Zum Kontaktfärben nehme ich einen ganzen frischen Zweig, nicht zu dick, und lege ihn parallel zur Rolle. Ist der Zweig dünn und noch saftig und geschmeidig, kann man ihn auch vertikal einrollen. Dann bricht der Stängel an mehreren Stellen und es tritt zusätzlich Farbsaft aus. Auch die Blüten und Früchte – falls vorhanden – werden mit eingewickelt. Das Ganze muss mit Fingerspitzengefühl geschehen, damit die Dornen der Berberitze den Stoff nicht beschädigen.

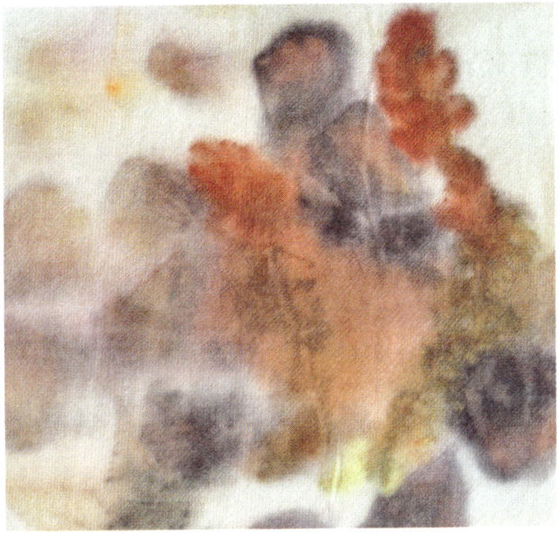

Farbspektrum: orangerot, braunrot, hellbraun

BIRKE

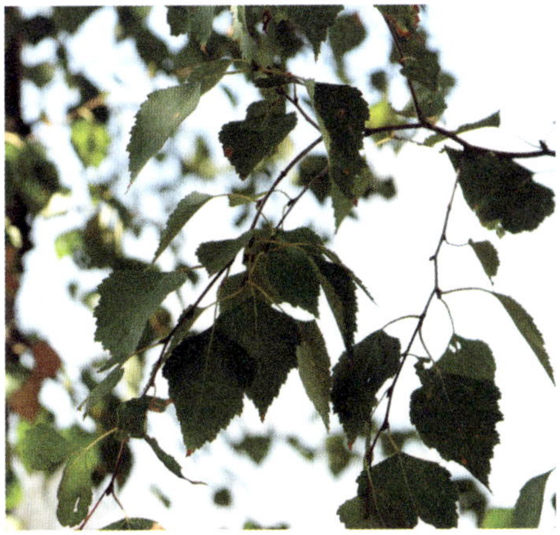

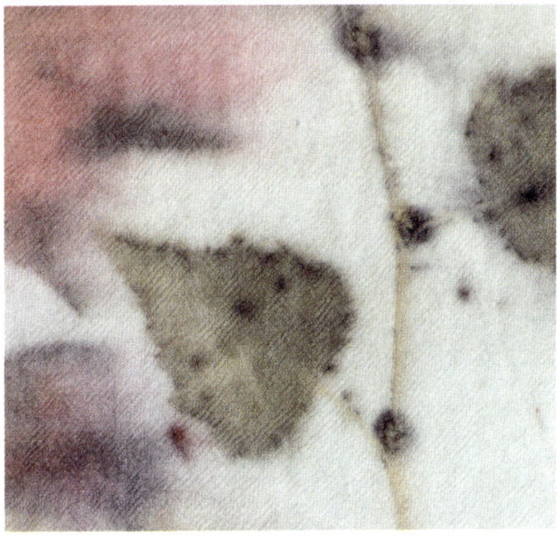

Birkenblätter wurden schon von unseren Vorfahren zum Färben von Fasern verwendet. Die hübschen Blätter sind dreieckig mit gesägten Rändern.

«Reife», voll entwickelte Blätter später im Jahr färben besser als die hellgrünen, weichen Frühlingsblätter. Birkenblätter werden frisch oder getrocknet verwendet, wobei die getrockneten klarere, intensivere Farben ergeben. Die Blattunterseite färbt etwas besser als die Oberseite. Die Blattstängel möglichst mit verwenden, das wirkt graziler und feiner.

Farbspektrum: strahlend-hellgelb, hell-olivgrün, dunkel-olivgrün

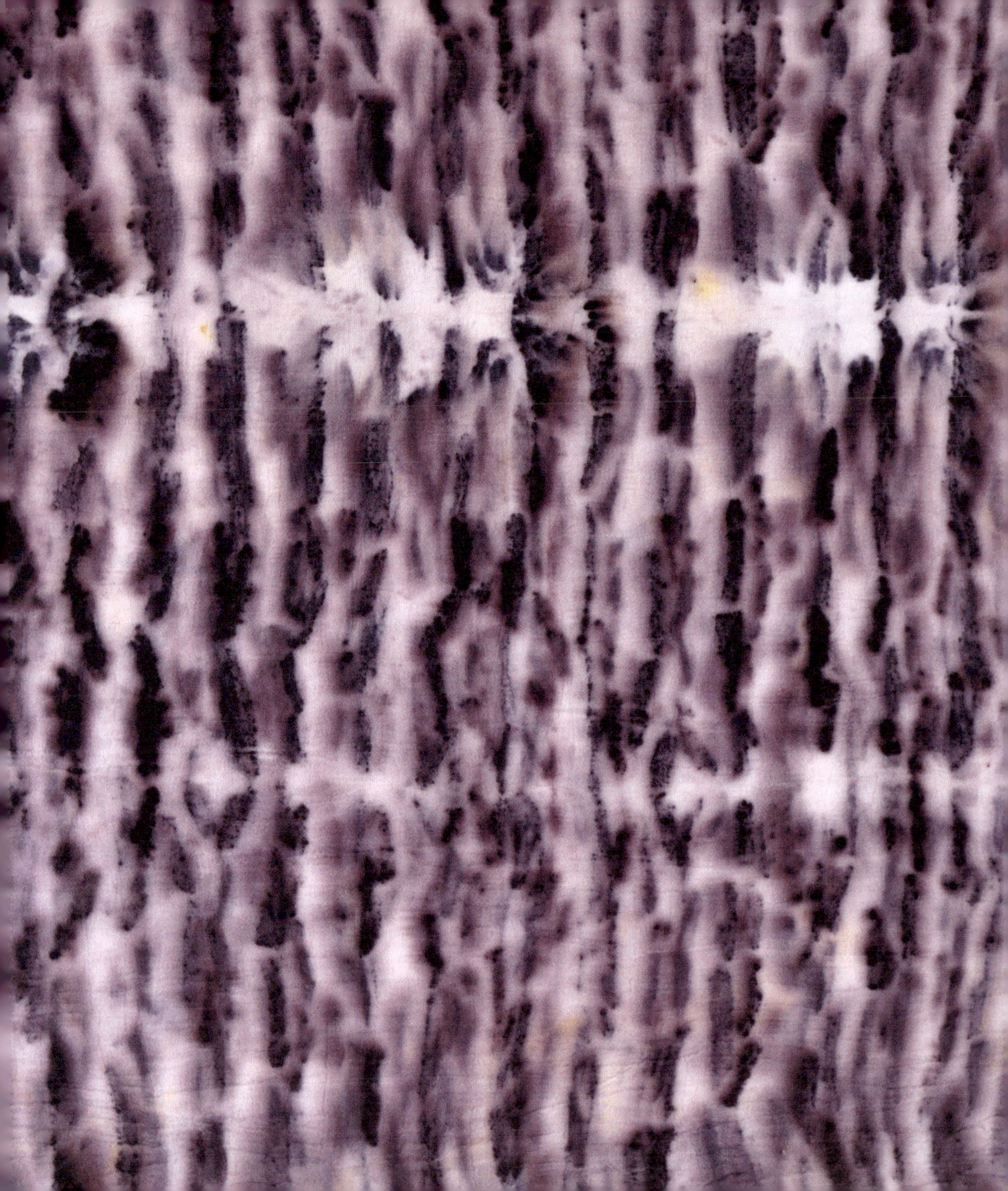

BLAUHOLZ ▧▧▧

Die Späne des mittelamerikanischen Blauholzbaumes, auch Blutbaum genannt, werden bei uns schon seit einigen hundert Jahren zum Färben verwendet. Die harten Späne färben äußerst intensiv und duften angenehm nach einer Mischung aus Sandelholz und Veilchen.

Ich verwende die Späne so, wie sie sind, und lege sie in Streifen, als Wellenlinien etc. auf den gebeizten Stoff, vorwiegend parallel zur Rolle.

Blauholzstückchen kann man auch sehr gut als Akzente sparsam zwischen andere Pflanzen platzieren. In Verbindung mit Kurkuma- und/oder Cochenillepulver ergeben sich interessante Möglichkeiten.

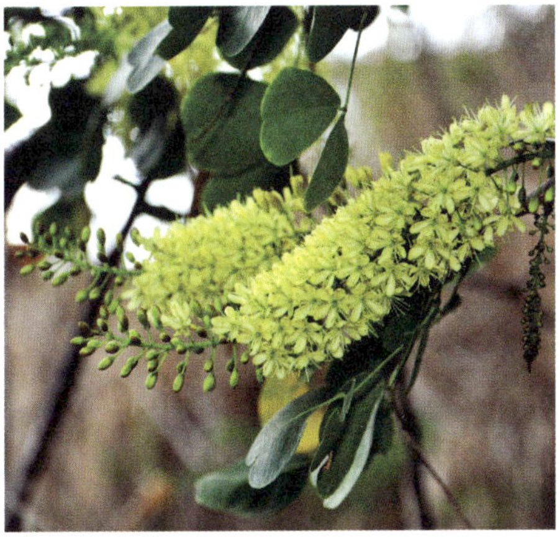

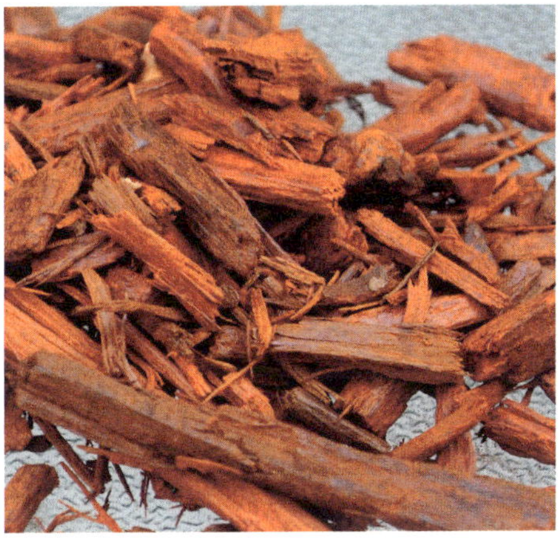

WICHTIG

Die Blauholzspäne nicht zu dicht legen, sonst wird wegen der starken Färbekraft alles schwarz!

Das Holz enthält so viel Farbstoff, dass man es wieder trocknen und zu einem weiteren Färbegang verwenden kann.

Farbspektrum: violettblau, dunkelblau, rotviolett, dunkelbrombeer, schwarzblau

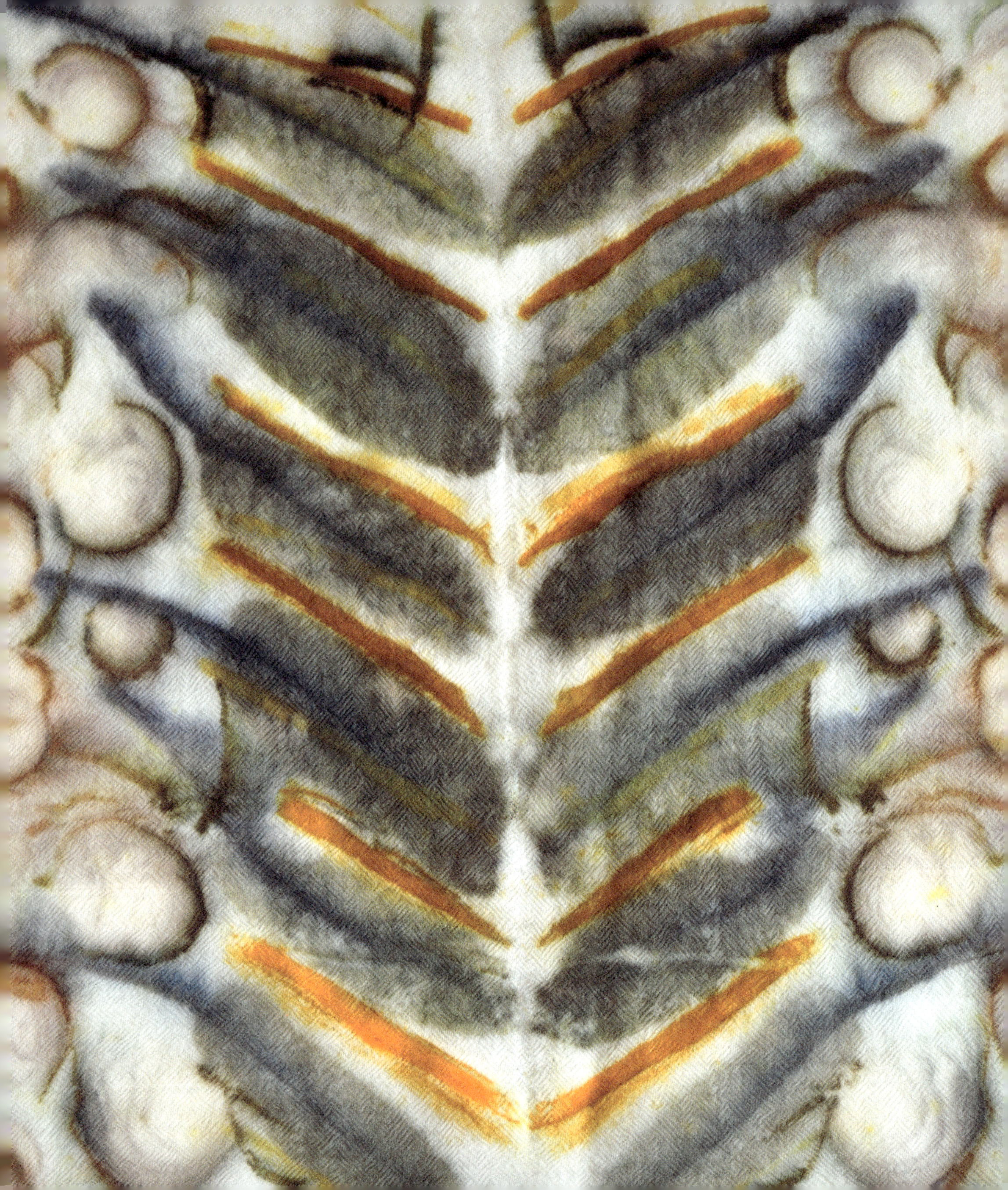

BLUTAMPFER

An feuchten Standorten und an Waldsäumen findet man den Ampfer mit seinen länglich-eiförmigen, säuerlich schmeckenden Blättern. Sie gelten als blutreinigend und appetitanregend, junge zarte Blätter bereichern unseren Salatteller mit Vitamin C. Ampferblätter sind darüber hinaus auch gerbsäurehaltig und somit zum Färben zu gebrauchen, besonders die dekorativen Blutampferblätter mit ihren auffallenden roten Blattadern.
Im Frühjahr bekommt man die Pflanze in Töpfen kultiviert in Pflanzencentern. Sie gedeihen auch in Balkonkästen und können fortlaufend für Salate und Ecoprints geerntet werden. Die Stängel unbedingt mit verwenden, denn sie unterscheiden sich farblich vom Blatt (siehe kleines Foto rechts unten).

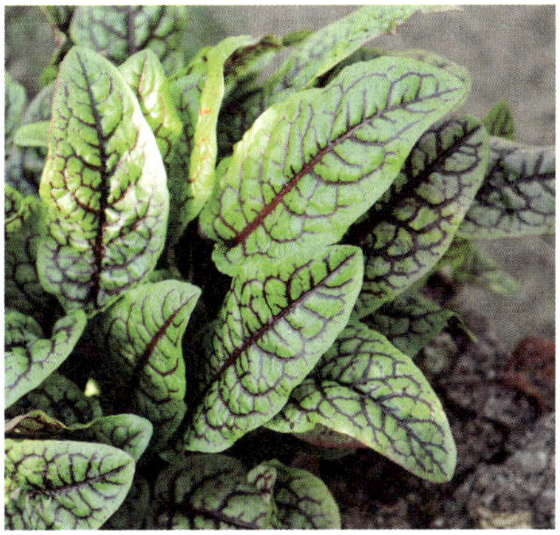

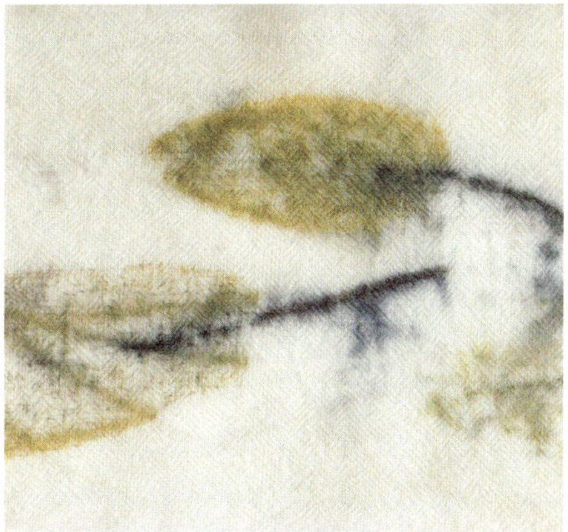

Farbspektrum: hellgelb, gelbgrün, graugrün, dunkeloliv

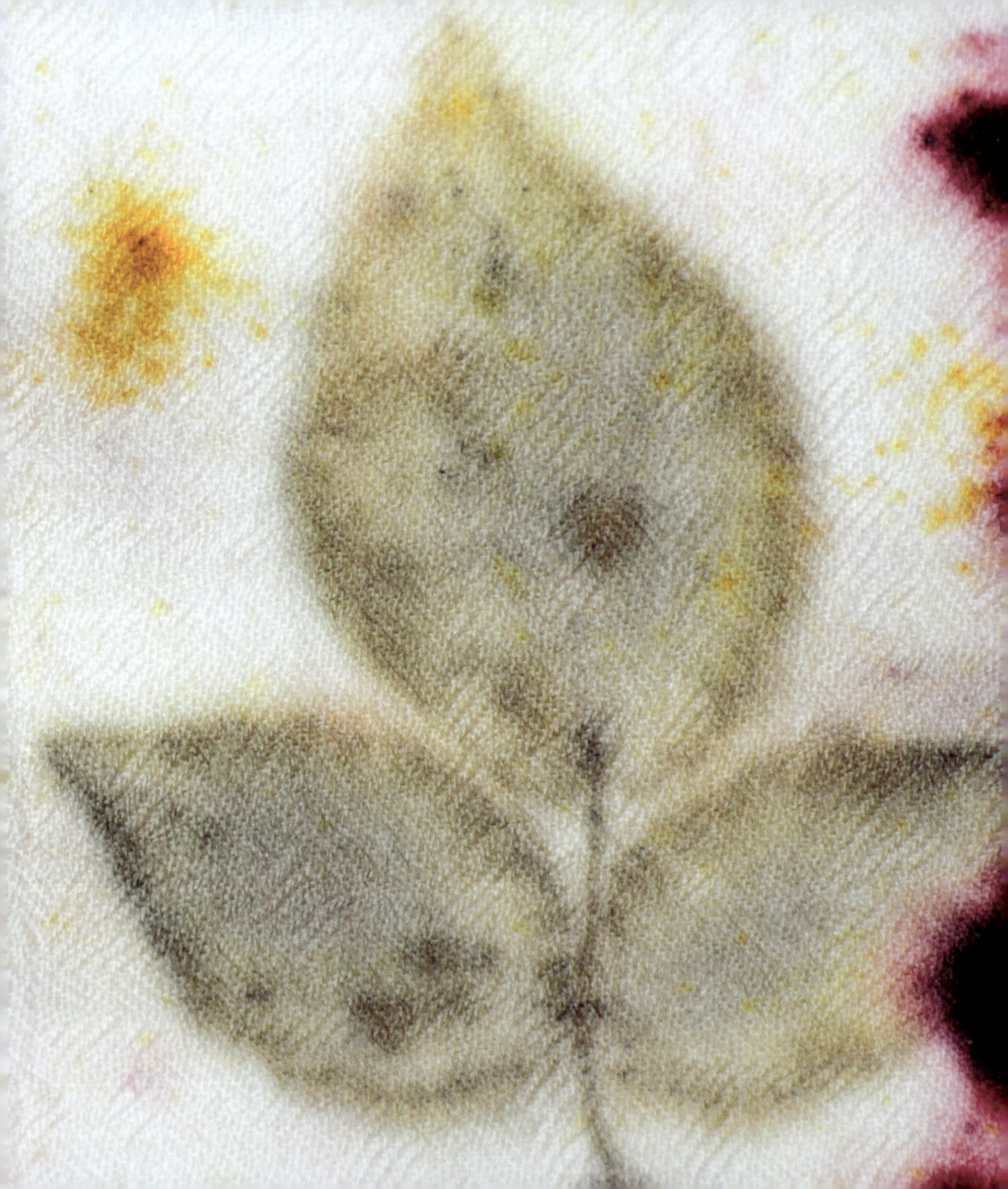

BROMBEEREN ▧▧▧

Brombeeren gehören zu den Rosengewächsen. Es sind krautige Sträucher mit stacheligen, holzigen Zweigen. Die gerbstoffhaltigen Blätter der Brombeere kann man zu medizinischen Tees verarbeiten, das haben uns schon die alten Griechen gelehrt. Köstlich sind natürlich die blauschwarzen Beeren – wem schmecken sie nicht? Gegen allzu gierige Fressfeinde wehrt sich die Pflanze daher mit ihren Stacheln.

Die zum Drucken geeigneten Laubblätter der Brombeere sitzen als Fiederblättchen zu dritt, fünft oder siebt an einem Stiel und sind gezähnt. Selbst im Winter finden wir an so manchem Brombeerbusch noch grüne Laubblätter, die wir pflücken können.

Auch die Wurzeln und natürlich die Früchte färben, wobei ich Letztere lieber esse und mich beim Färben auf die Blätter beschränke.

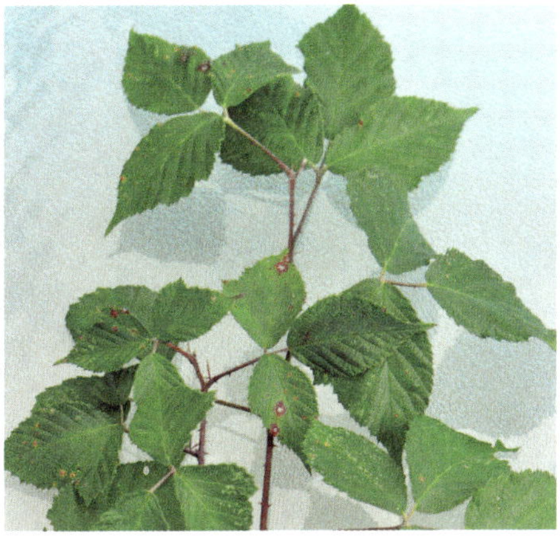

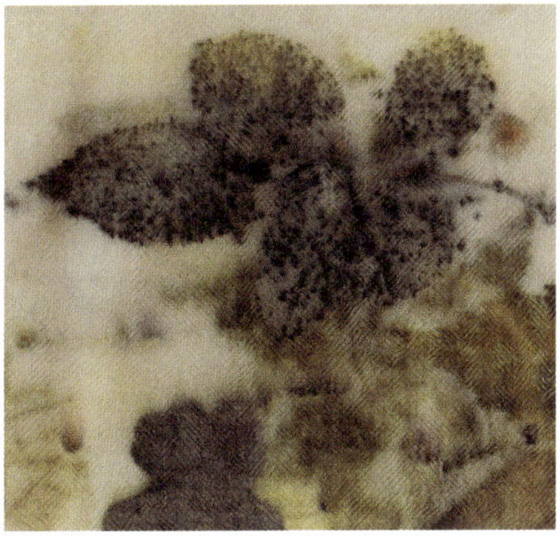

Farbspektrum Blätter: zartgelb, graugrün

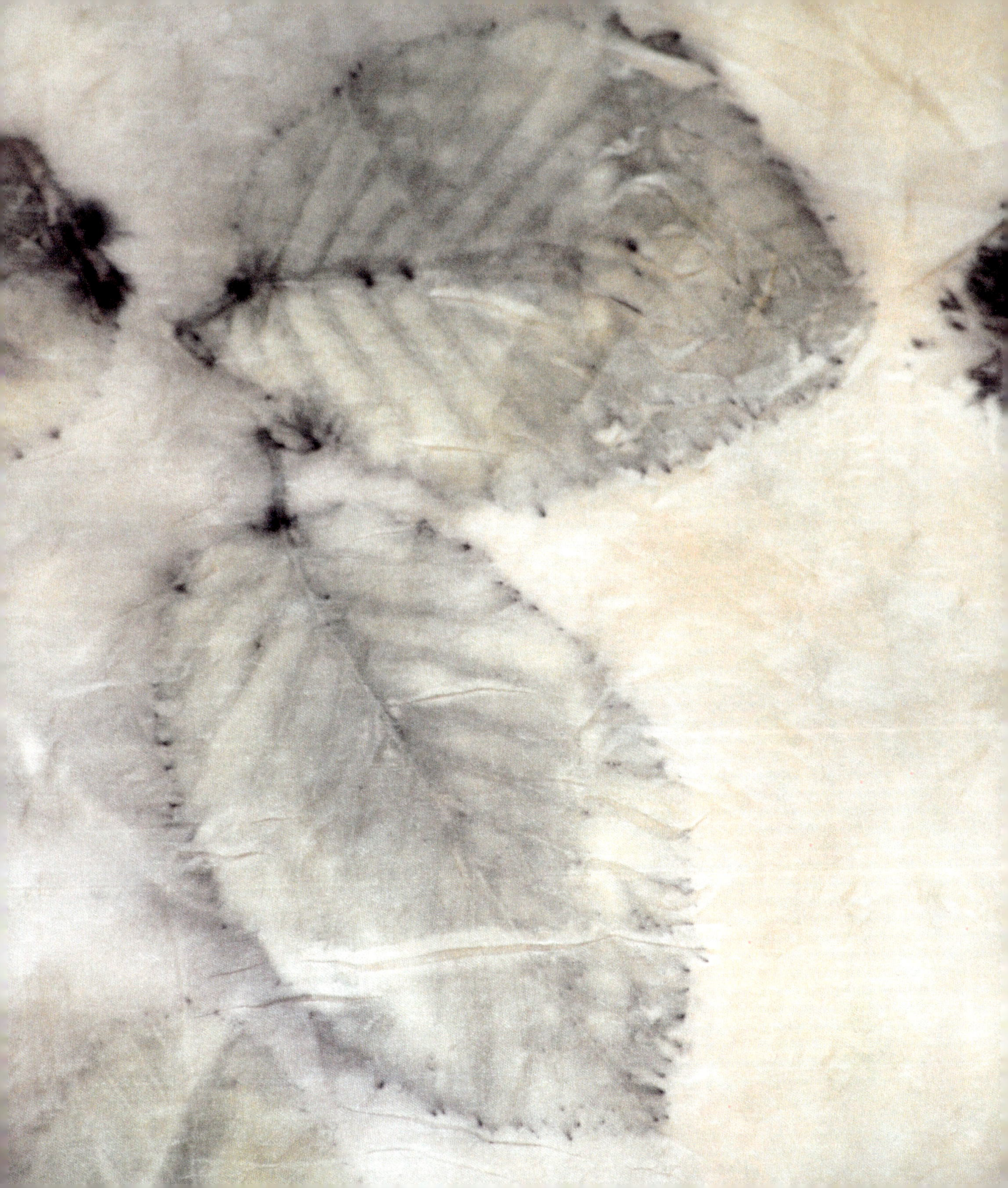

BUCHE

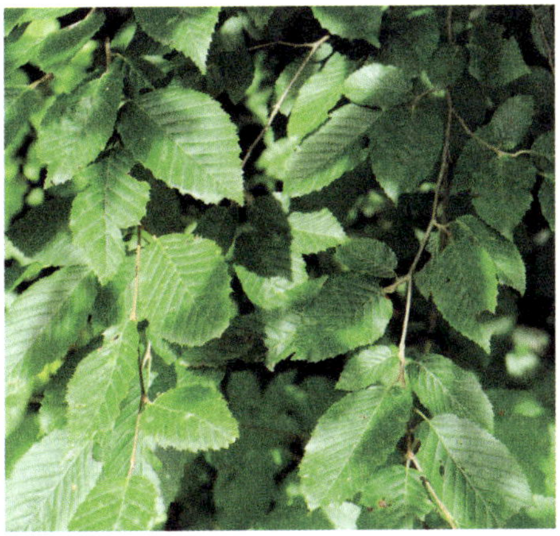

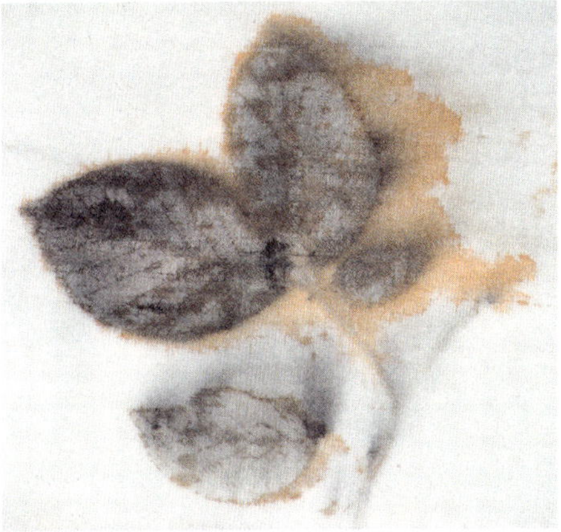

Als weitverbreiteter heimischer Laubbaum liebt die Buche (eigentlich Rotbuche wegen des leicht rötlichen Holzes) ein feucht-gemäßigtes Klima und nährstoffreiche Böden. Im Gegensatz zu den meisten anderen Laubbäumen hat sie eine relativ glatte Rinde von hellgrauer Farbe. Auch an ihren Früchten, den Bucheckern, kann man sie erkennen. Als Kinder haben wir die kleinen energiereichen Nüsschen gerne gegessen, ohne zu wissen, dass sie leicht giftig sind! Zur Herstellung von Möbeln, Spielzeug und Parkett wird das feinporige, gleichmäßig gemaserte Buchenholz gerne verwendet, und in Form von Viskose und Lyocell dient es uns zu Bekleidungszwecken.
Als Färberinnen wollen wir uns aber nun mit den Blättern befassen, die schöne Drucke auf Stoff ergeben. Dabei treten besonders die prägnanten Blattadern dekorativ hervor. 7 bis 20 cm lang und 5 cm breit ist ein durchschnittliches Buchenblatt. Es hat einen schönen Glanz und einen leicht welligen, fein gezähnten Rand. Charakteristisch ist auch die eiförmige, unten abgerundete und oben zugespitzte Form.
Zum Drucken kann man sowohl die frischen als auch die getrockneten und gepressten Blätter verwenden, wobei Letztere besser drucken und färben. Die Unterseiten mit den hervortretenden Blattadern färben intensiver als die glatten, glänzenden Oberseiten.

Farbspektrum: grau, graugrün, dunkeloliv

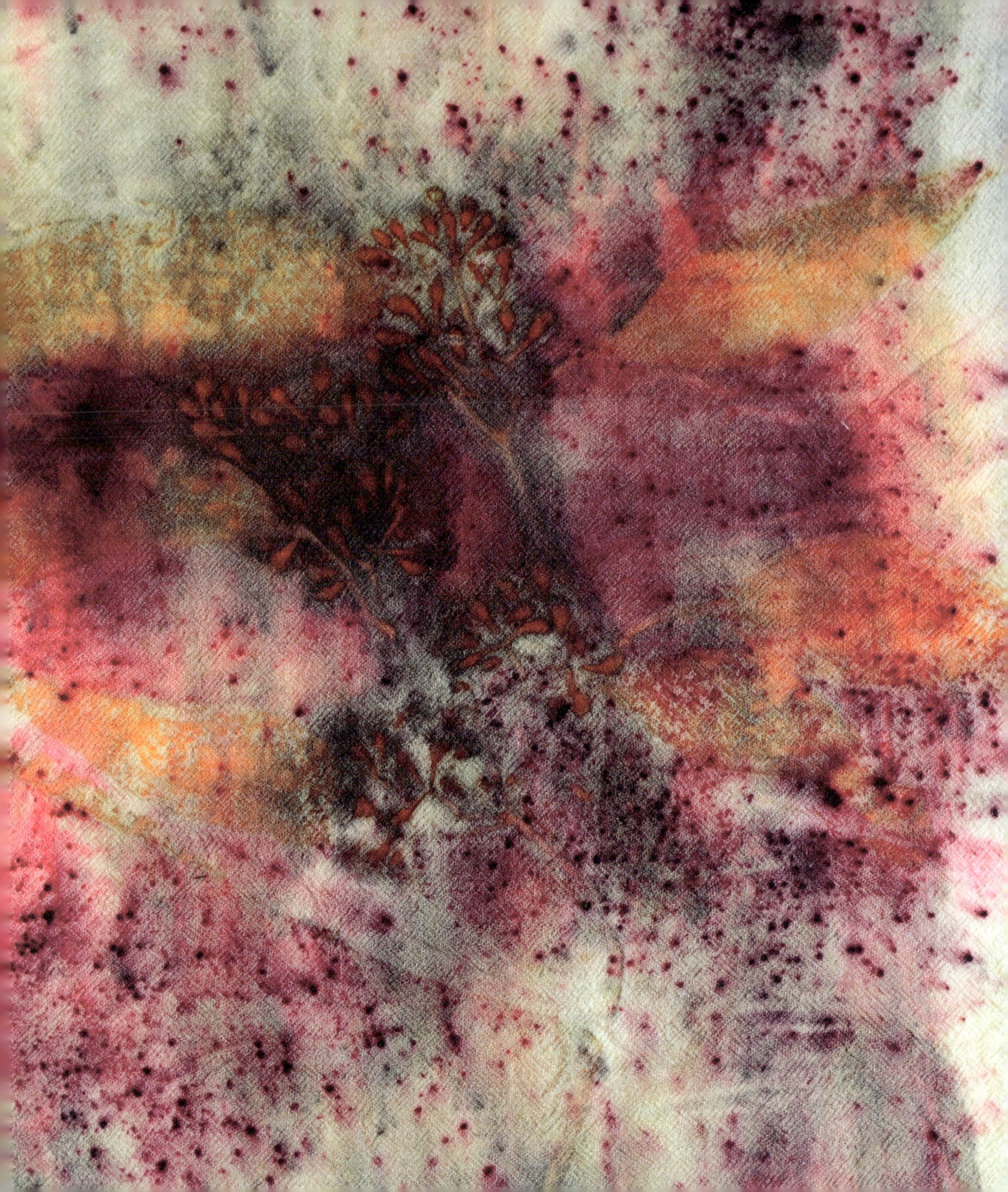

COCHENILLE

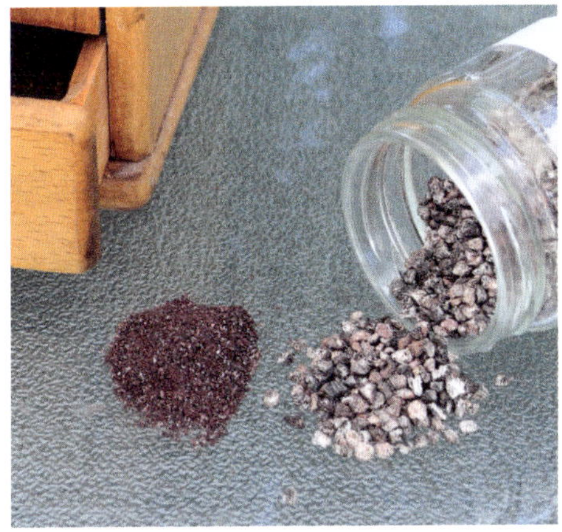

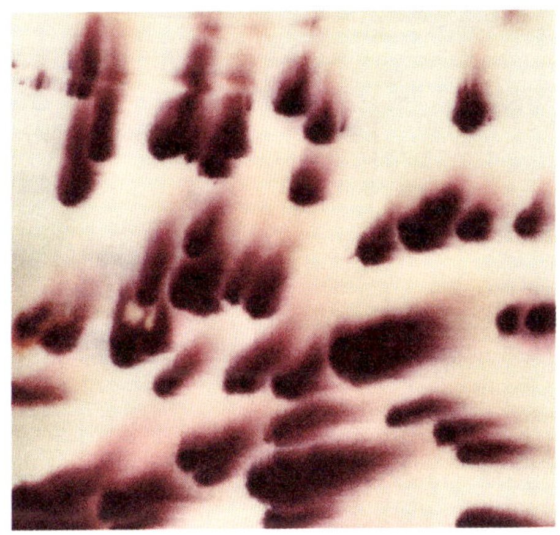

Streng genommen dürfte Cochenille in dieser Liste nicht aufgeführt sein, handelt es sich doch um keine Pflanze, sondern um eine Schildlaus. Man züchtet sie auf Opuntien in Mittelamerika und auf den Kanarischen Inseln. Seit dem 18. Jahrhundert ist die Cochenille-Laus in Europa bekannt und begehrt. Nicht nur zum Färben von Textilien, sondern auch für hochwertige Kosmetika und Lebensmittel. Der edle Farbstoff ist sehr intensiv und echt. Man sollte ihn sparsam und bewusst einsetzen.
Ich kaufe die getrockneten ganzen Läuse und mahle sie in Omas alter Kaffeemühle. Verwendet man die ganzen Läuse, erhält man tiefrote rundliche, teilweise auslaufende Abdrücke. Man kann sie auch in einem Mörser pulverisieren.
Das Pulver eignet sich zum Akzentuieren, um z. B. die Farbskala von Gelb/Grün/Braun unserer einheimischen Pflanzen etwas aufzupeppen.
Man kann Cochenille-Pulver auch ins Wasserbad einrühren, um in dieser «Färbeflotte» dann einen vorgebeizten Stoff köchelnd zu färben.

Farbspektrum: rosa, karminrot, pink, zyklam, purpur, dunkelviolett

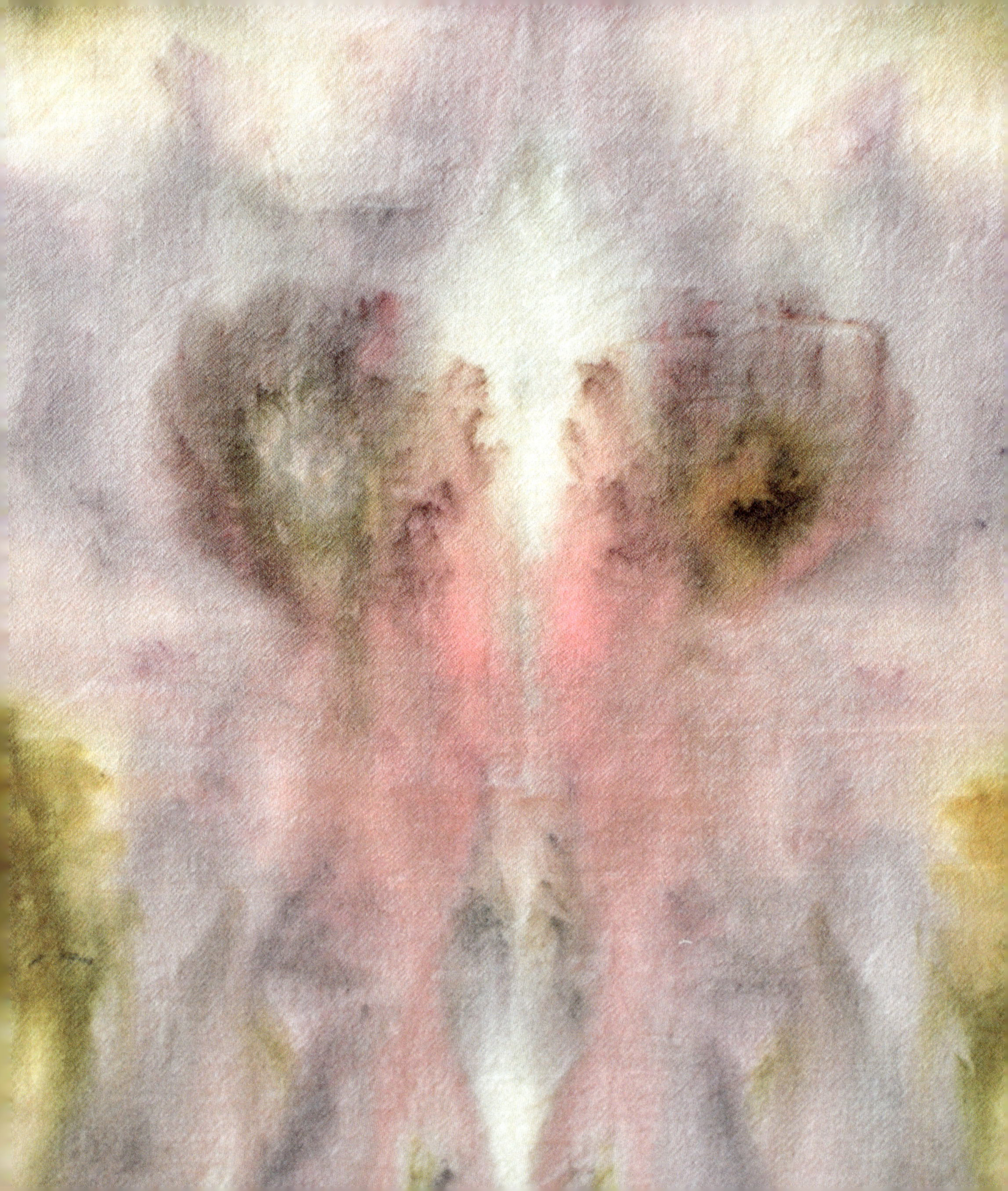

DAHLIE

Dahlien, früher auch Georginien genannt, gehören zu den Korbblütlern. Es gibt sie in großer Vielfalt, was Farben und Blütenformen betrifft.

Zum Bündelfärben (Bundle Dye) eignen sich eher die kräftigen Farben. Kleine Blütenköpfe verwendet man so, wie sie sind, und legt sie auf den gebeizten, ausgebreiteten Stoff. Von großen Blüten zupft man die einzelnen Blütenblätter ab und verteilt sie nach Wunsch. Man muss nicht die schönen, voll erblühten Dahlien «opfern», sondern kann gut die verwelkten verwenden. Dahlienblüten kann man auch sehr gut getrocknet aufbewahren, sie färben dann etwas dunkler. Während des Trocknens kann sich sehr leicht Schimmel bilden, daher sollte man sie immer mal wieder etwas durchlüften.

Beim Dämpfen schließlich geben besonders die frischen Blüten reichlich Farbsäfte ab, die sich aquarellartig auf dem Stoff ausbreiten.

Klare Abdrücke, also Ecoprints, gelingen nicht, sondern eher Farbflächen und -flecken. Beim Ausrollen ist von den Blüten nur noch eine verkochte Masse übrig.

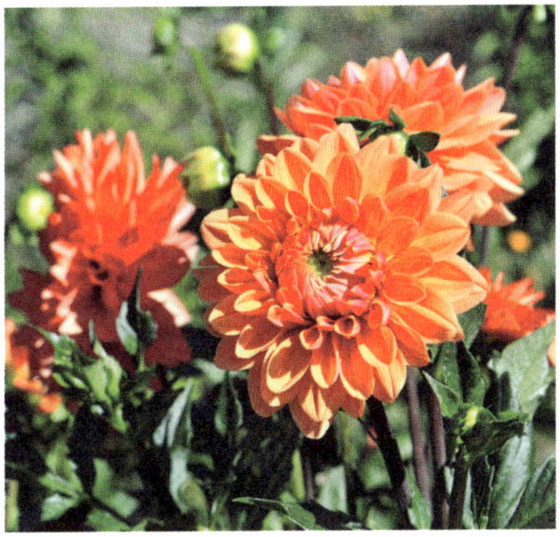

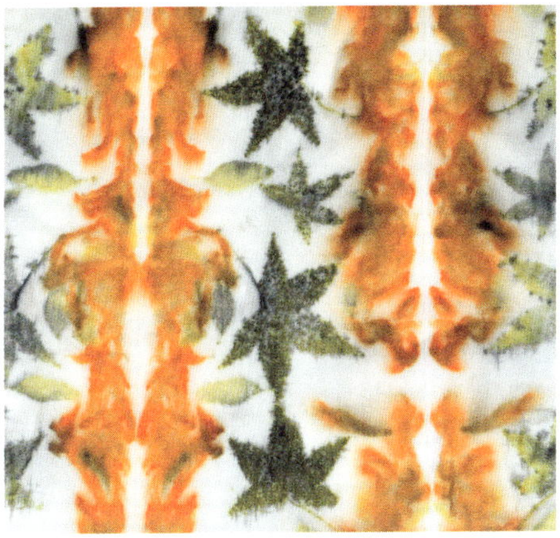

Farbspektrum: gelb, gelbbraun, grünbraun, orangerosa, grauviolett, violett

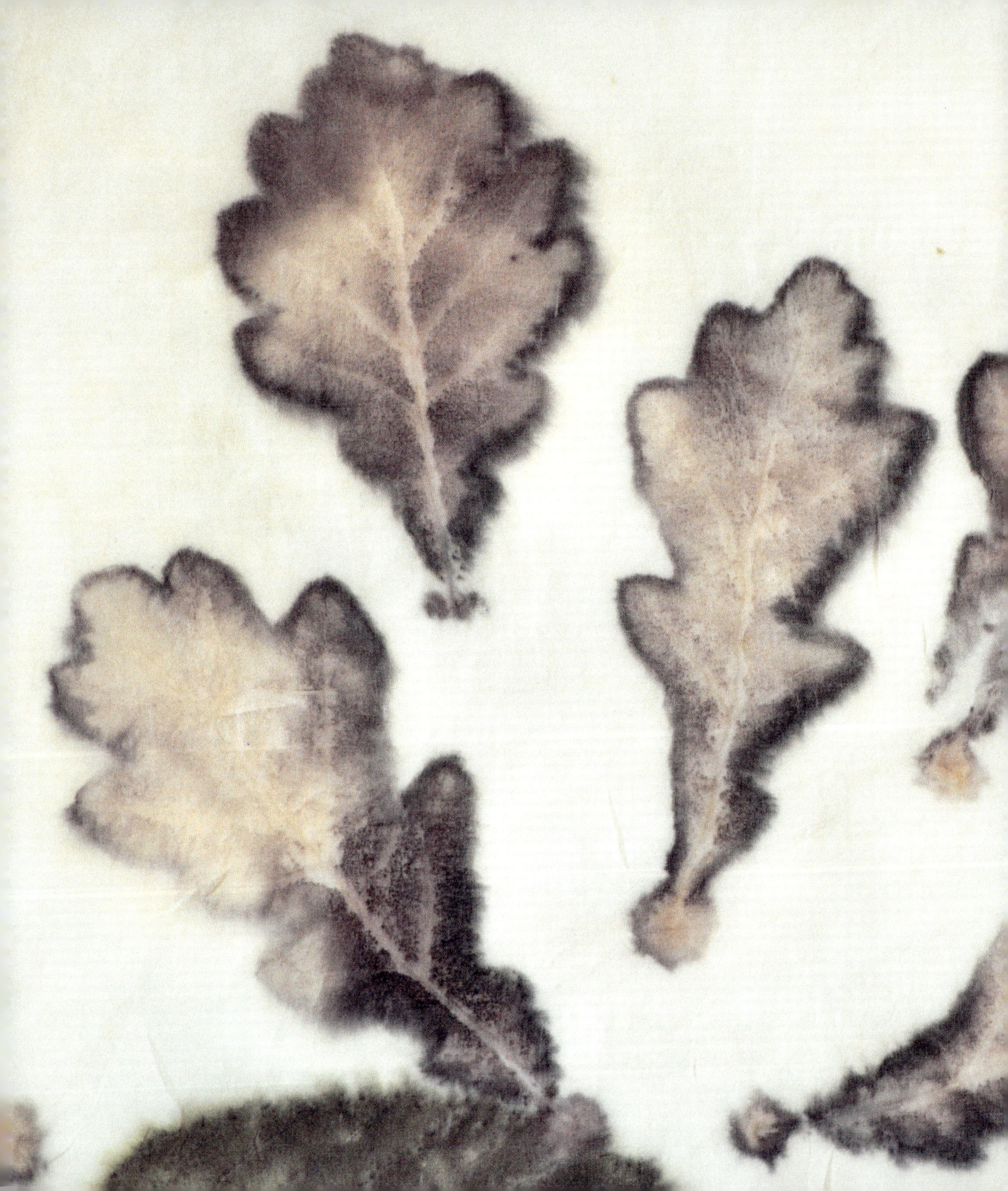

EICHE

1.000 Jahre alt kann sie werden, die sagenumwobene, imposante Eiche. Mindestens seit dem frühen Mittelalter färbten unsere Vorfahren Wolle und Leinen mit den Bastschichten, die unter der Eichenborke stecken. Für uns sind eher die Blätter interessant, wegen ihrer schönen charakteristischen Form: eiförmig, glattrandig, gebuchtet und mit einer klaren Mittellinie.
Zum Kontaktfärben sollte man die Blätter unbedingt in Rostwasser (siehe Seite 102) tauchen. Es färbt nur die Blattunterseite. Oftmals bildet sich ein prägnanter Umriss. Am Stielende entsteht durch den Austritt von Farbsäften ein deutlicher Punkt oder Fleck, den wir mit in das Design einbeziehen können. Eichenblattdrucke gefallen mir besonders gut in Verbindung mit anderen Laubbaumblättern.

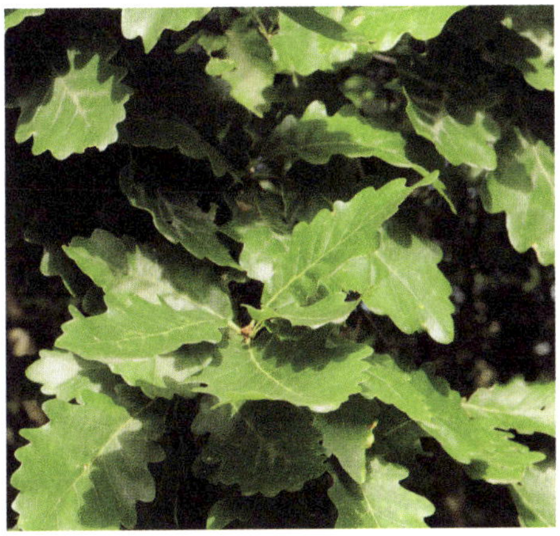

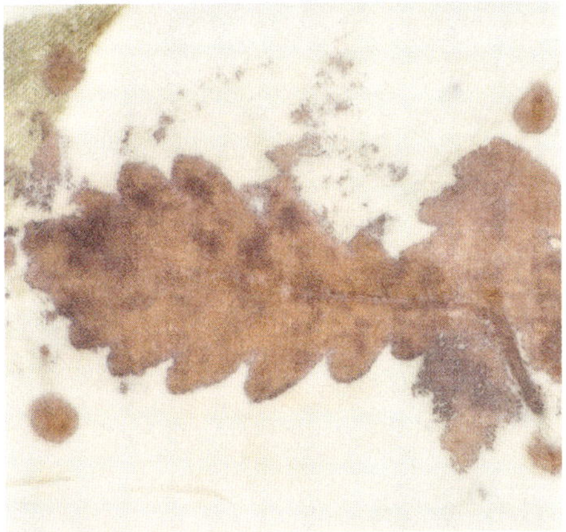

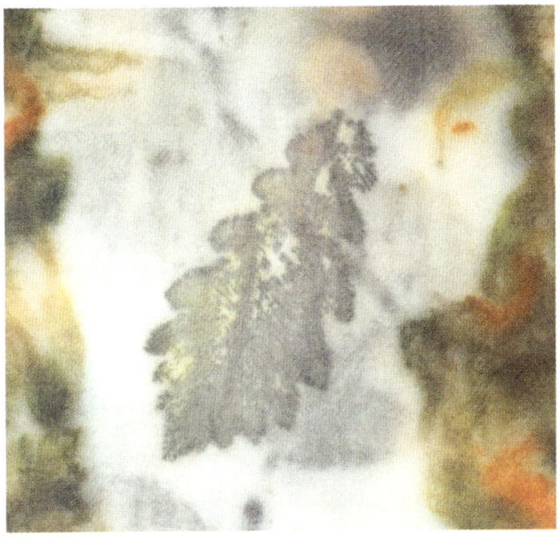

Farbspektrum: gelbgrau, sand, ocker, olivgrün

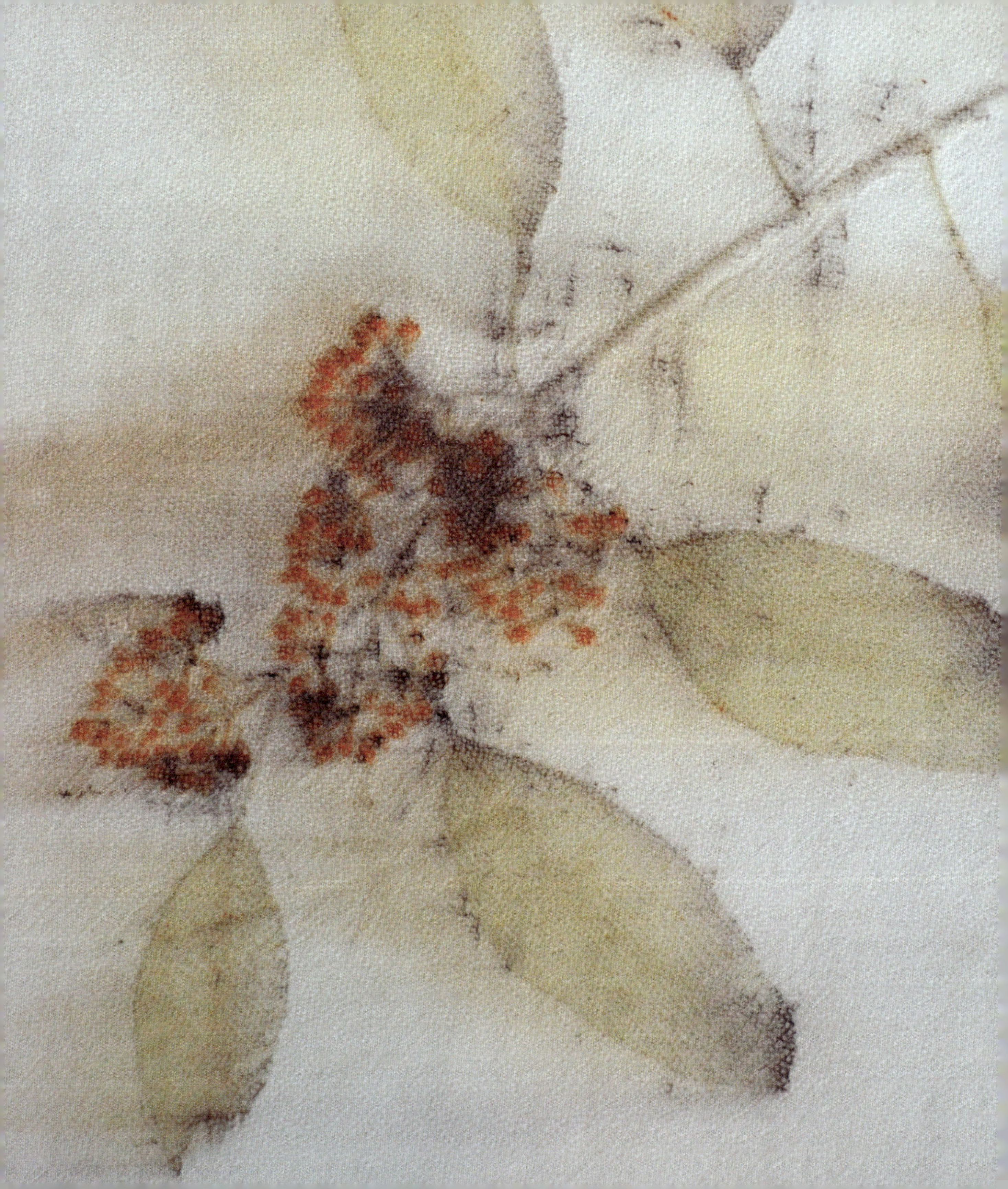

EUKALYPTUS ▧▧▧

Eukalypten, auch Blaugummibäume genannt, sind schnellwüchsige, hohe Büsche und Bäume. Ihre Heimat ist Australien, dort machen sie 70 % des Baumbestandes aus. Es gibt mehrere hundert Arten mit entsprechend unterschiedlichen Blattgrößen und -formen, von länglich schmal bis sichelförmig, ei- und herzförmig. Die Blätter sind ledrig-derb und färben alle vorzüglich. So ist es nicht verwunderlich, dass die schöne Pflanzenfärbetechnik, um die es in diesem Buch geht, in Australien ihren Ursprung genommen hat. Schließlich waren die Textildesignerin India Flint (siehe S. 8 «Sehnsucht nach Farbe») und ihre Kolleginnen rundherum von den wohlriechenden Eukalypten umgeben. Wir müssen Eukalyptusblätter im Blumenladen kaufen. Ein schöner Zweig kostet ca. 7 Euro.

Bei den meisten Eukalyptusarten färben Ober- und Unterseiten gleichermaßen gut, wobei die Seiten oftmals ganz unterschiedliche Farbtöne produzieren. Wenn man Glück hat, sitzen an dem kostbaren Zweig doldige Blütenstände, die sich aus vielen kleinen Blüten zusammensetzen! Manche färben weinrot, manche knallig orange. Vorzugsweise färbt man mit den frischen Pflanzen. Mit getrockneten oder tiefgefrorenen Blättern habe ich nicht so gute Erfahrungen gemacht.

Ein schöner Nebeneffekt beim Dämpfen: ätherische Öle werden freigesetzt und entfalten ihren Duft.

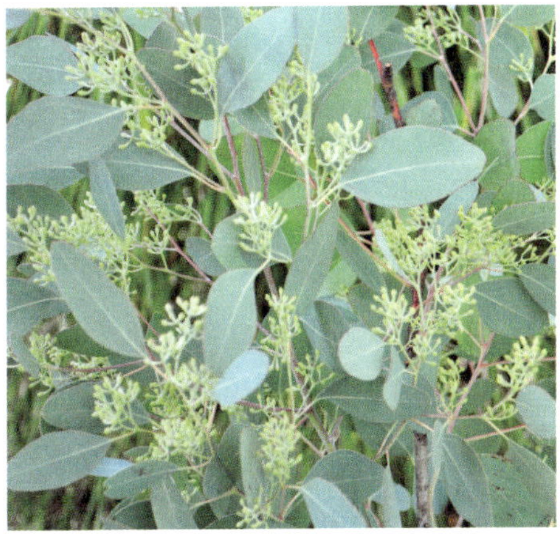

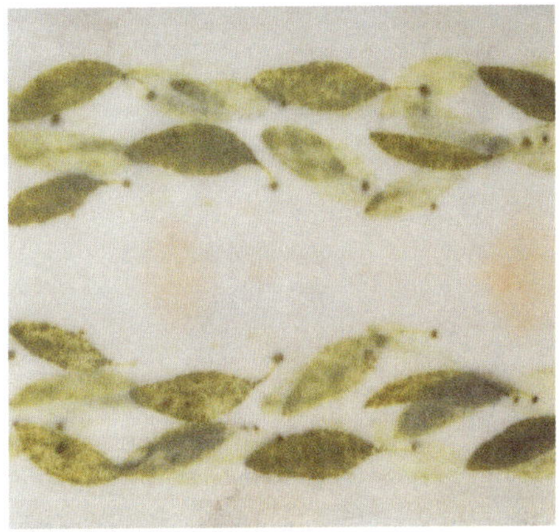

Farbspektrum: gelbgrau, gelbgrün, olivgrün, sand, ocker, hellbraun, leuchtend-orange, karminrot, bordeaux

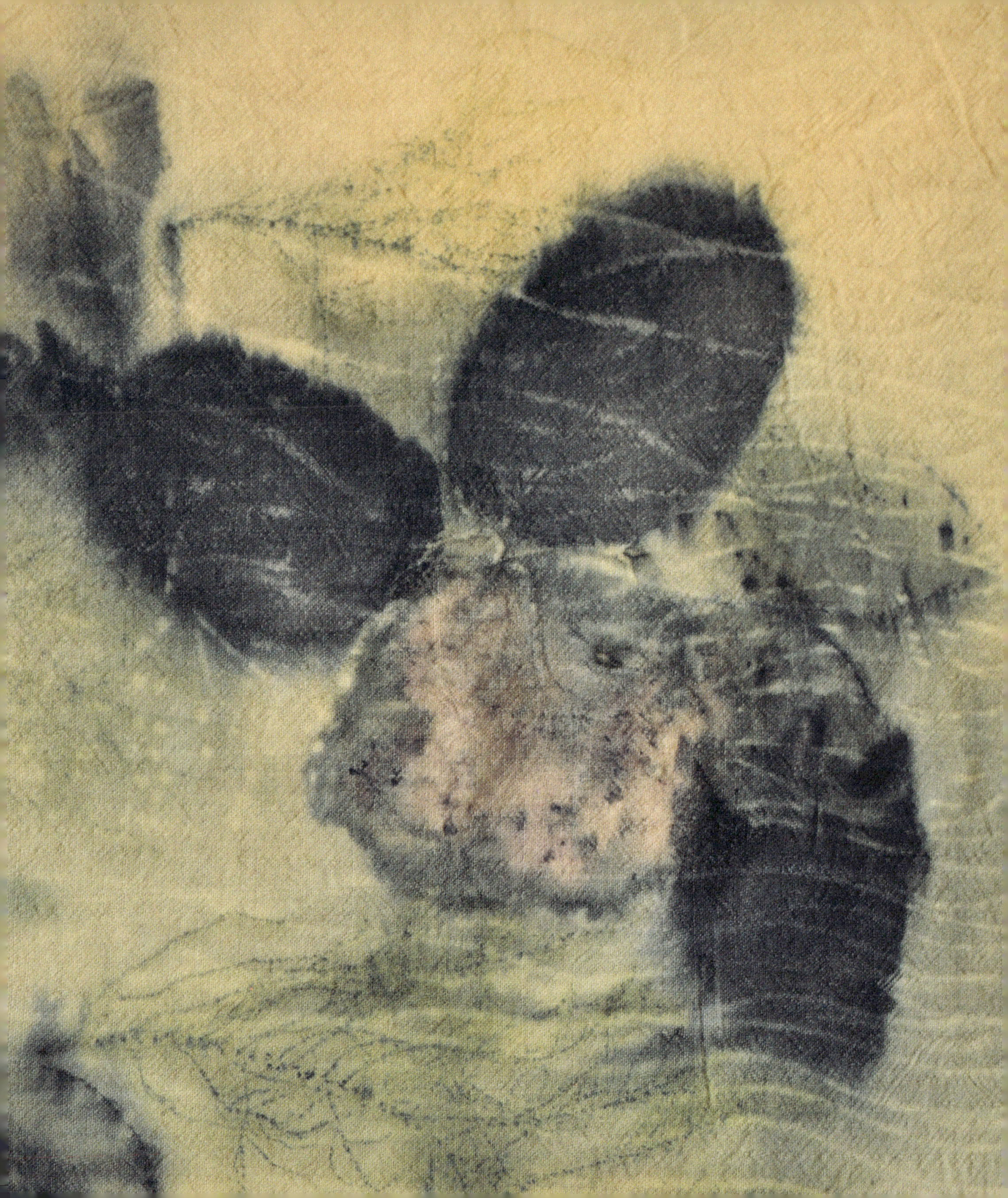

HARTRIEGEL

Der Hartriegel oder Hornstrauch ist eine buschartige Pflanze des gemäßigten Klimas. Man kennt mehr als 50 Arten. In Gärten wird der Hartriegel als Einzel- oder Heckenpflanze angepflanzt, oft findet man ihn auch an Wegrändern.

Zum Färben verwenden wir die vollentwickelten Blätter. Das Charakteristische der Blätter sind die Blattadern, die in kleinen Bögen alle zur Blattspitze laufen. Im Spätsommer und Herbst fallen die schwarzblauen Beerendolden auf, die gerne von Vögeln verspeist werden.

Zum Kontaktfärben nehme ich am liebsten einen kleinen Zweig mit einer Beerendolde und 2 bis 3 Blättern daran. Die Beerendolden ergeben einen großen fleckartigen rosavioletten Abdruck mit mehr oder weniger voneinander abgegrenzten Einzelbeeren.

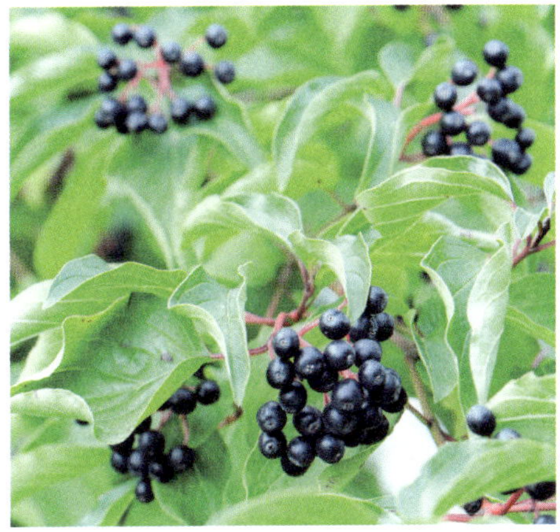

Farbspektrum Blätter: oliv, anthrazit

Farbspektrum Beeren: hell-rosaviolett

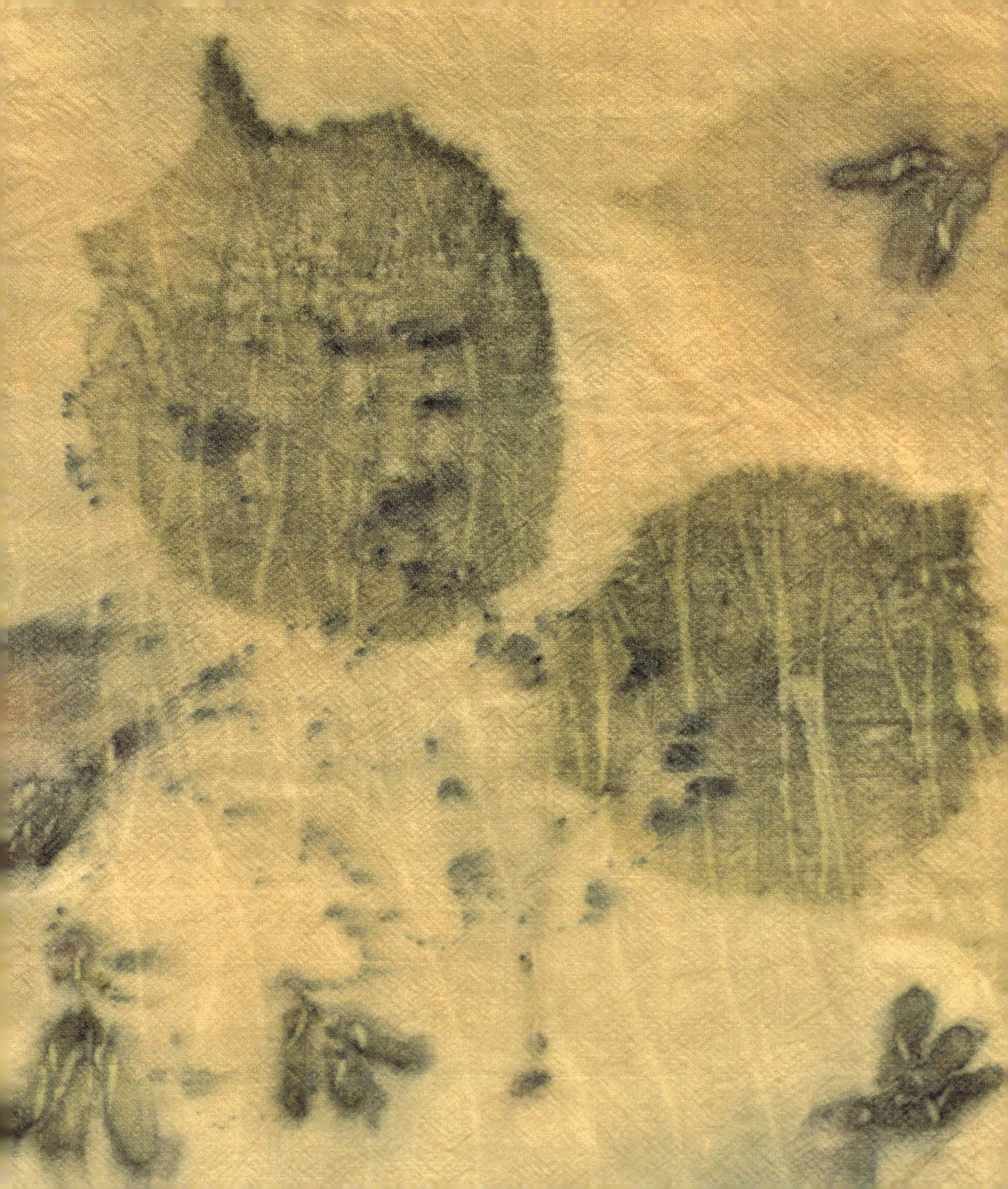

HASELNUSSSTRAUCH

Die heimische, häufig vorkommende Hasel ist wegen ihrer leckeren Nüsse jedem bekannt. Die kleinen braunen Haselnüsse sind wahre Energie- und Vitaminbomben. Das kam schon den Steinzeitmenschen zugute.
Fürs Färben interessieren jedoch die Blätter. Man pflückt sie im vollentwickelten Zustand. Sie färben recht gut von beiden Seiten. Die rundlichen Blätter haben doppelt gesägte Ränder. Wegen ihrer wenig prägnanten Form ergeben sich große fleckenartige Abdrücke. Um dem Ganzen Kontur zu geben, druckt man am besten mitsamt Blatt, Stängeln und dünnen Zweigen. Die Blütenstände (Kätzchen) nur sehr sparsam ernten, denn sie sind wichtiges Bienenfutter im Frühjahr!

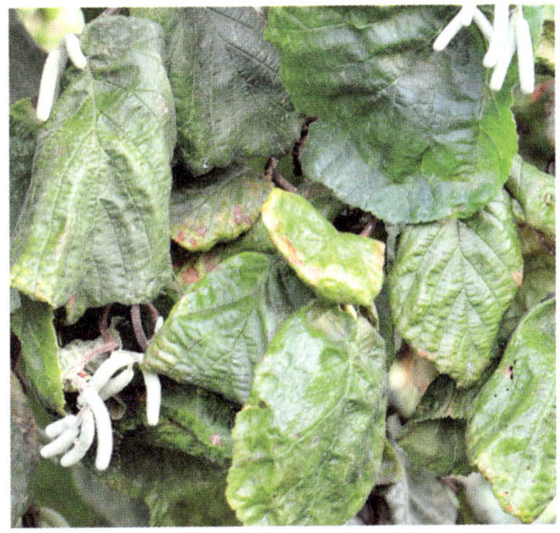

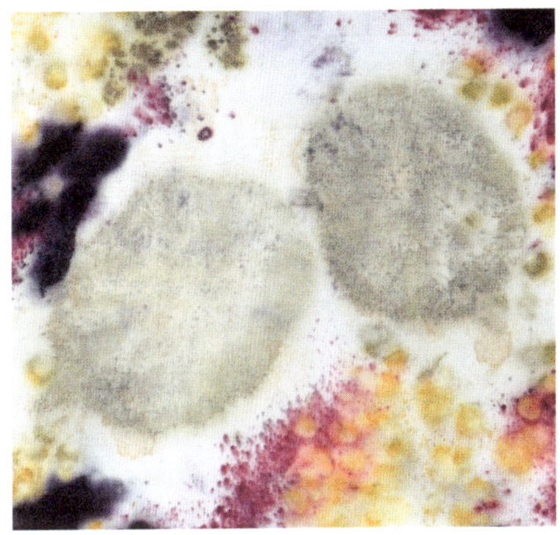

Farbspektrum: gelbgrau, hellbraun, graubraun, braungrün, olivbraun

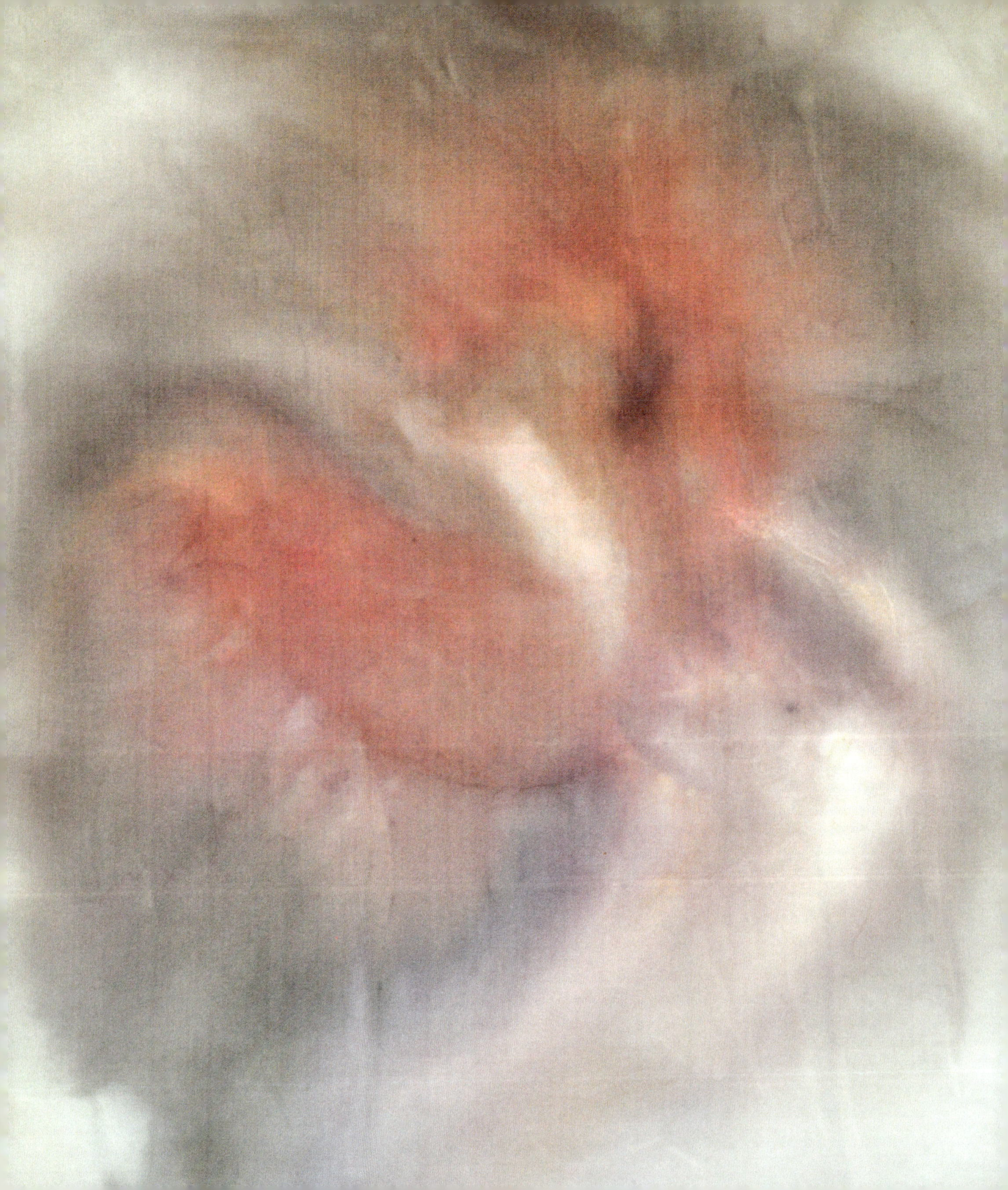

HIBISKUS

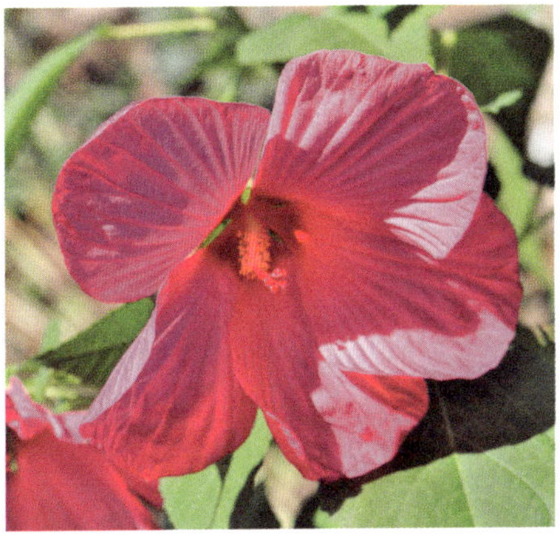

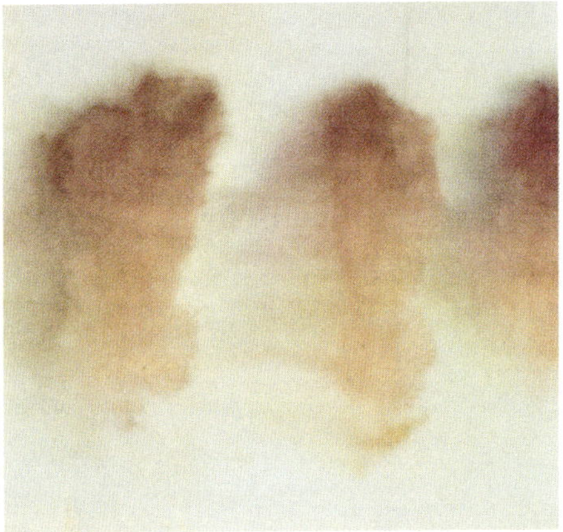

Hibiskus oder Eibisch, aus der Familie der Malvengewächse, stammt ursprünglich aus Asien und umfasst mehr als 600 Arten. Als baumartiger Strauch wächst er auch in unseren Gärten und übersteht sogar frostige Winter. Bekannt ist außerdem die empfindlichere Zimmerpflanze. Im Spätsommer blüht der «Riesenhibiskus» im Garten und entfaltet seine spektakulären, untertassengroßen Blüten. Uns interessieren die farbintensiven roten, violetten oder blauen Blüten. Zum Kontaktfärben kann man sie frisch oder getrocknet und gepresst verwenden, wobei die getrockneten bessere Farbergebnisse bringen.
Zum Kontaktfärben wird die aufgeblühte Blüte mit der flachen Hand auf den Stoff gedrückt. Möchte man die Blüten trocknen und aufbewahren, werden sie auf die gleiche Art auf Küchenkrepp gedrückt und dann zwischen Zeitungspapier und Büchern gepresst. Auch wenn die Blüten am Busch verblüht sind und sich zusammengefaltet haben, kann man sie noch zum Färben verwenden (siehe kleines Foto rechts unten). Dann zeigen sie natürlich nicht mehr die Blütenform. Staubgefäße und Kelche ergeben andere Farben als die Blütenblätter. Hibiskus färbt vorwiegend pastellartig-zart.

Farbspektrum: hellgelb, hellorange, dunkelorange, braunorange, hellrosa, helllila

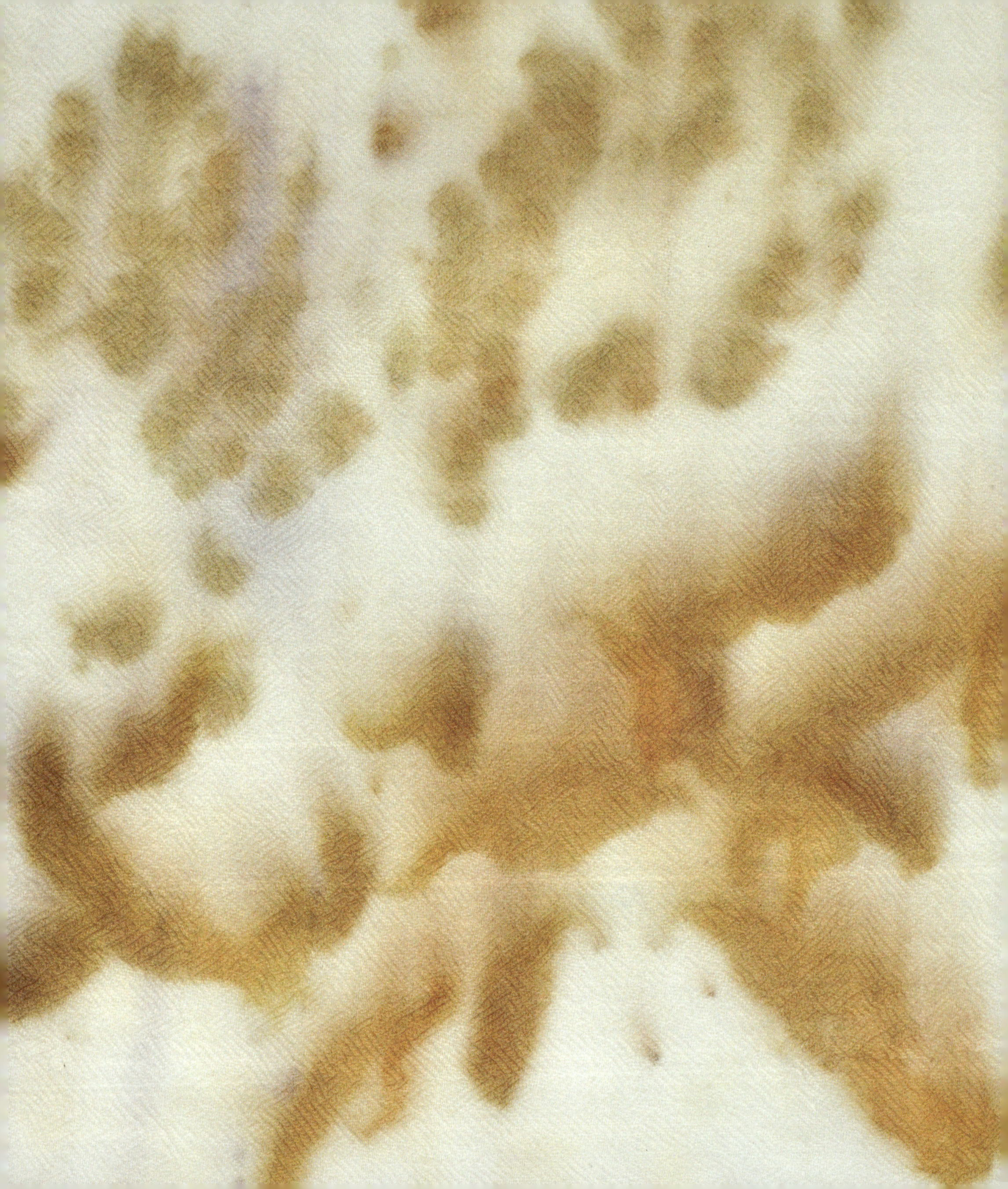

KAMILLE

Die Färberkamille, auch Färber-Hundskamille genannt, gehört zur Familie der Korbblütler und ist eine alte heimische Kulturpflanze. Ihre Nutzung als Färberpflanze wurde schon im 16. Jahrhundert beschrieben. Färberkamille wird auf großen Feldern angebaut und mehrmals im Jahr geerntet. Es färben nur die Blütenköpfchen und zufriedenstellend auch nur im getrockneten Zustand. Man kauft sie am besten im Handel.
Zum Kontaktfärben streue ich die kleinen Blüten dicht an dicht auf den gebeizten, feuchten Stoff oder ich lege einzelne Blüten als gelbe Tupfer z. B. neben Laubblätter.
Färberkamille färbt gut auf Baumwolle und besonders dekorativ im Verbund mit Blauholz (siehe Seite 16).
Das kleine Foto rechts unten zeigt Färberkamille im Wechsel mit Asternblüten, das große Foto auf der linken Seite zeigt Färberkamille neben Dahlienblütenblätter.

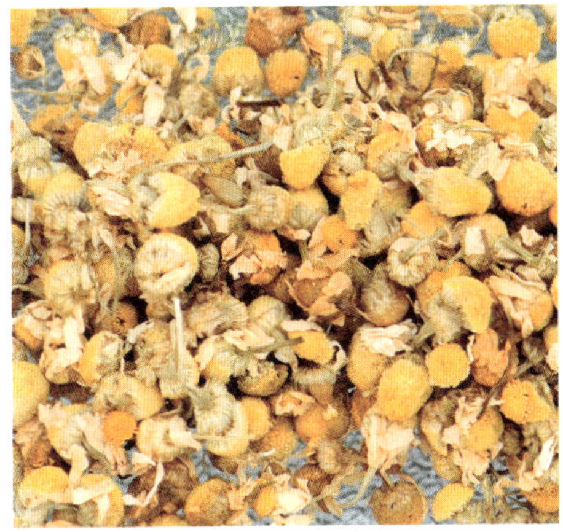

Farbspektrum: hellgelb, graugelb, gelb-rötlich

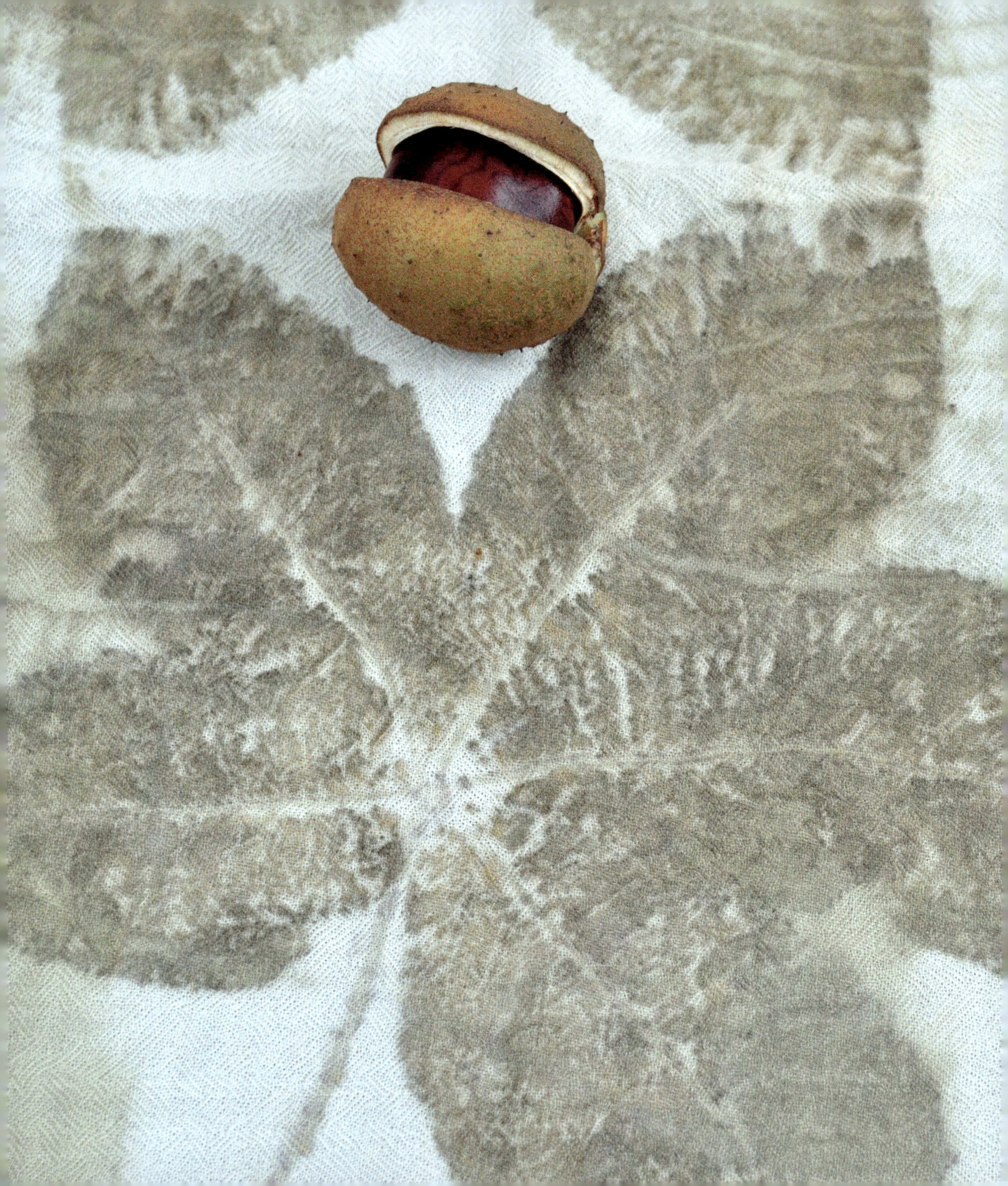

KASTANIE (ROSSKASTANIE)

Die Rosskastanie gelangte mit den Osmanen als Pferdefutter (daher auch der Name) nach Mitteleuropa und war zunächst nur in fürstlichen Parks und Alleen zu finden. Wir kennen und lieben den imposanten Baum heute als Schattenspender auf dem Dorfplatz und in Biergärten. Selbst mitten in der Stadt hält er es noch aus. Auch in der Heilkunde findet die Rosskastanie Verwendung.

Zum Färben werden Rinden, Schalen und Blätter genutzt. Zum Kontaktfärben eignen sich die schönen Blätter, auch wegen ihrer Größe, besonders gut. Die Blätter mit den langen Blattstielen sind fingerförmig zusammengesetzt. 5 bis 7 Fiederblätter (Finger) setzen sich zu einem großen Laubblatt zusammen. Sie sind schmal, verkehrt eiförmig geformt, mit gesägten Blatträndern.

Für Ecoprints kann man ein ganzes intaktes Blatt benutzen oder auch einzelne Fiederblätter abzupfen. Die langen Blattstiele unbedingt mit verwenden. Die Blätter färben je nach Jahreszeit unterschiedlich: über rostbeige (Frühjahr), honiggelb (Sommer) bis mausgrau (Winter). Am besten verwendet man sie frisch.

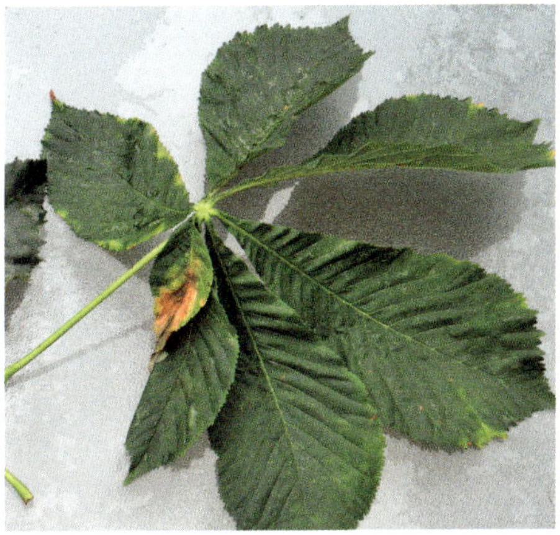

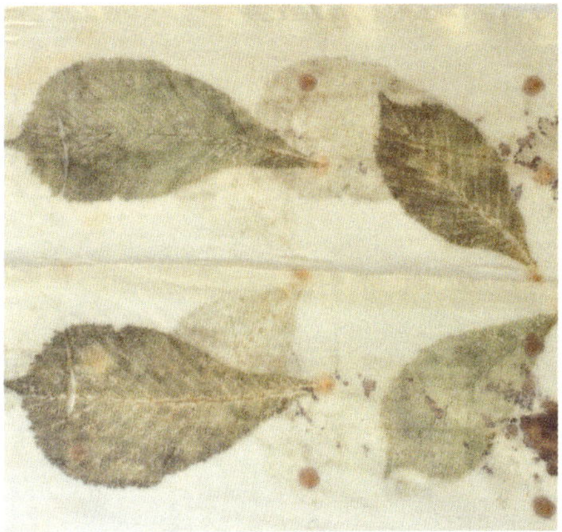

ANMERKUNG

Die Rosskastanie ist nicht zu verwechseln mit der Esskastanie. Die beiden sind botanisch nicht verwandt. Zum Kontaktfärben kann man die Blätter der Esskastanie aber genauso verwenden.

Farbspektrum: rostbeige, honiggelb, mausgrau

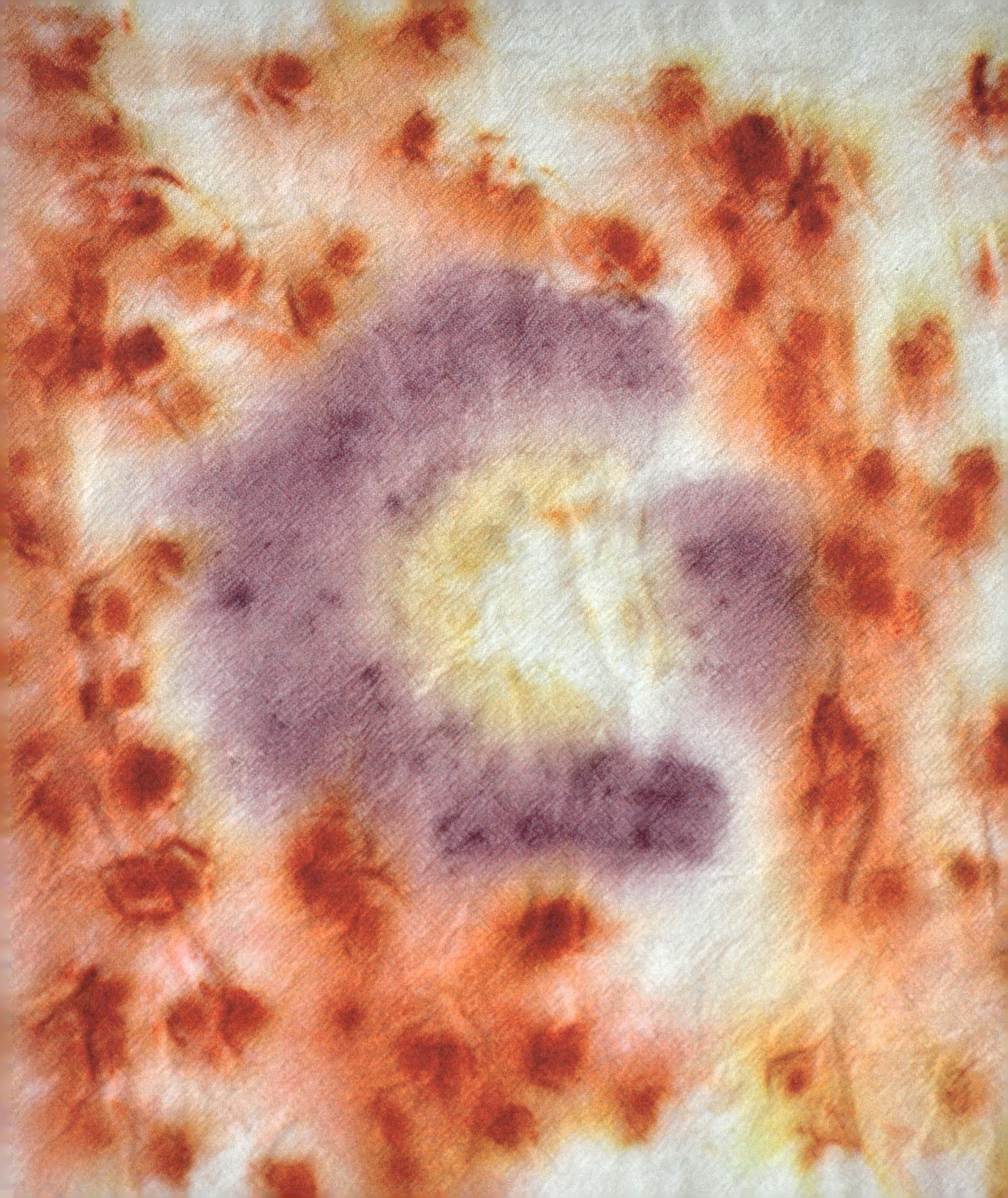

KRAPP-PFLANZE

Der Färberkrapp, auch Färberröte genannt, ist eine traditionelle Färbepflanze. Einst war sie ein bedeutendes Handelsgut zwischen Asien und Europa. «Rubia» nannten sie die Römer wegen des roten Farbstoffs, der in den Wurzeln enthalten ist. Im Mittelalter lag ein wichtiges Anbaugebiet im Elsass. Die sogenannte «Hagenauer Röte» hat mit zum Wohlstand der freien Reichsstadt Straßburg beigetragen. Heute hat der Krapp-Anbau keine Bedeutung mehr, denn die Pflanze wird nur noch von einigen Künstlern und Färbern nachgefragt.
Krapp gehört zu meinen Lieblings-Färbepflanzen, besonders wegen ihrer überaus warmen Rottöne und der hohen Wasch- und Lichtechtheit. Und ganz nebenbei verströmt sie noch einen feinen angenehmen Duft.
Man bekommt Krappwurzeln im Handel getrocknet und geschnitten. Ich verteile die Wurzelstückchen trocken auf dem Stoff, meistens in Kombination mit schönen Blättern (links im Foto zusammen mit Stockrosenblüten) und Zweigen.
Man kann daraus auch einen Farbsud zum Färben von Stoffbahnen oder Garnen herstellen. Dann ist darauf zu achten, dass die Wassertemperatur nicht über 70° C steigt, da sonst die Braunanteile aus der Wurzel gelöst werden.

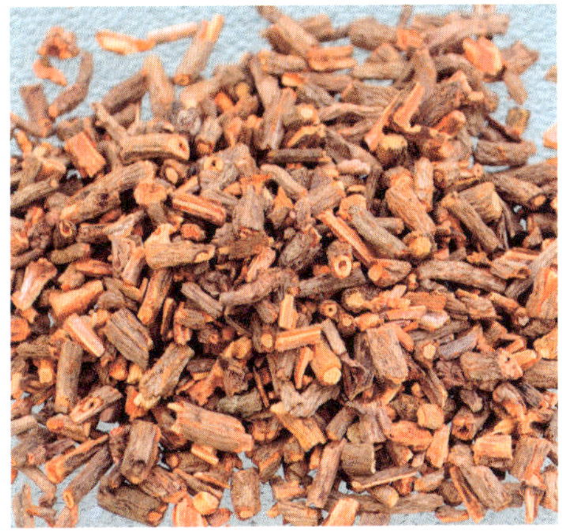

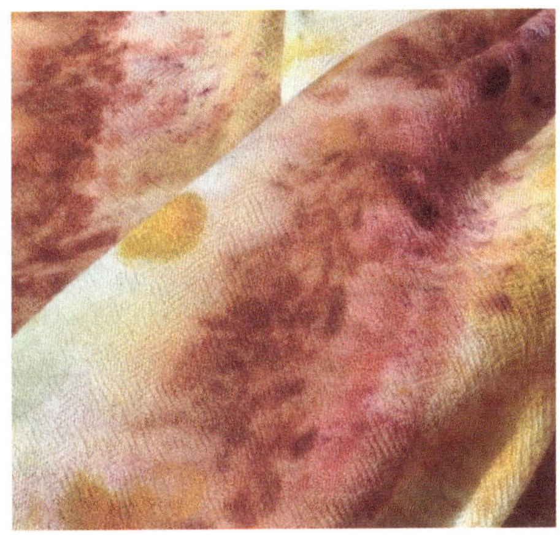

Farbspektrum: orange, orangerot, warmrot, backsteinrot, braunrot

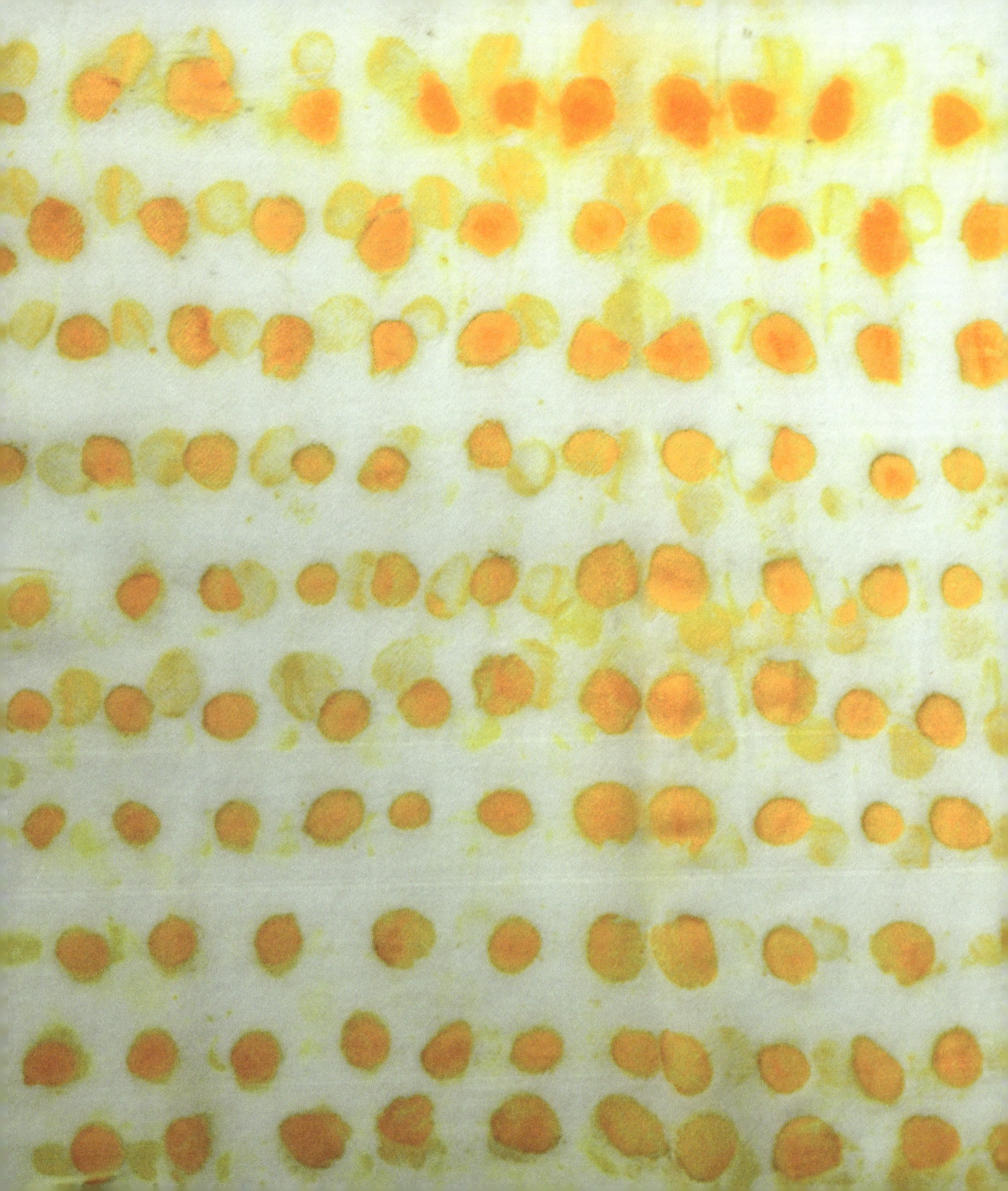

KURKUMA

Kurkuma, auch Gelbwurz genannt, ist eine altbewährte Gewürz- und Heilpflanze aus Südasien. Dort verwendete man sie u.a. zum Färben von Papier, für Salben und Speisen und ihren schönen Blütenstand als Schnittblume.

Für das Färben interessieren aber die Rhizomen, die denen des Ingwers ähneln. Kurkuma bekommt man auch als orangegelbes Pulver im Handel, auf der Zunge entfaltet es eine leichte Schärfe. Ich verwende Kurkumapulver, um leuchtend orange Akzente zu setzen. Dazu wird es sparsam auf den Stoff gestreut. Für eine gleichmäßige Verteilung sorgt ein feines Haarsieb.

Die Rhizome schneide ich in dünne Scheibchen (ca. 1 bis 2 mm dick) und verteile sie auf dem gebeizten Stoff. So entstehen u.a. dekorative Tupfen. Man kann die Rhizome auch längs in dünne Streifen schneiden und damit Linien oder andere grafische Muster drucken.

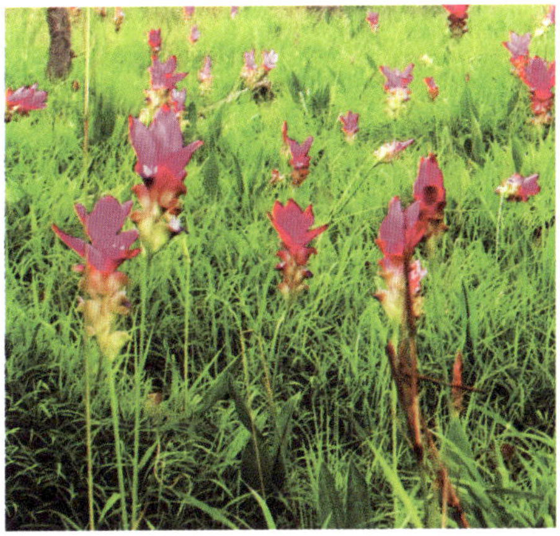

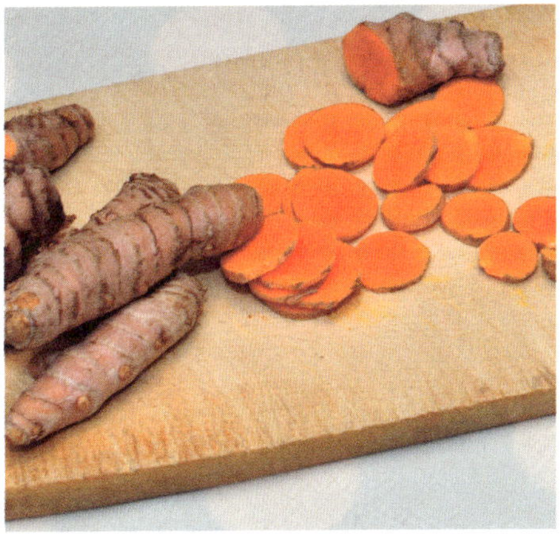

Farbspektrum: hellgelb bis dunkelorange

LIGUSTER

In der Staatsbibliothek München wird ein Färbebüchlein aus dem 15. Jahrhundert aufbewahrt, darin wird Liguster schon als Färbepflanze erwähnt. «Tintenbeerentraube» wird sie auch genannt, weil man ihren Saft zum Malen verwenden konnte. Liguster ist eine typische, weit verbreitete Heckenpflanze. Die einfachen Blätter sind klein und glattrandig und haben sehr kurze Stiele. Im Spätsommer erscheinen die schwarzblauen Beerenrispen. Besonders sie sind fürs Färben interessant. Aber Vorsicht, Blätter und Beeren sind sehr giftig!
Zum Kontaktfärben nehme ich gerne einen kompletten kleinen Zweig mit sehr reifen Beeren, lege ihn auf den feuchten, gebeizten Stoff und wickle alles sehr fest um ein Stück Rohr.

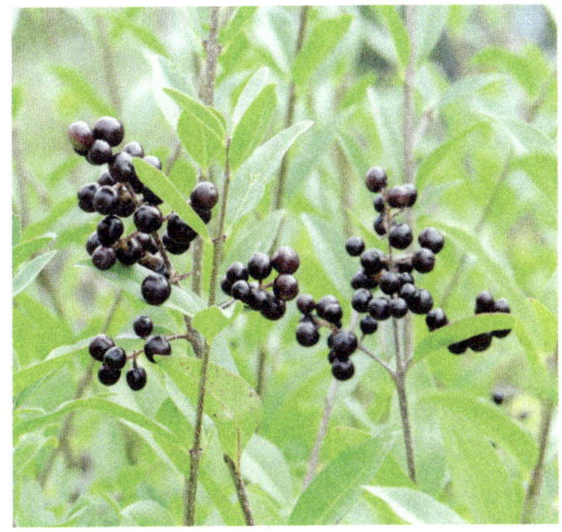

Farbspektrum Beeren: blaugrün, tiefblau

Farbspektrum Blätter: gelb, gelbgrün

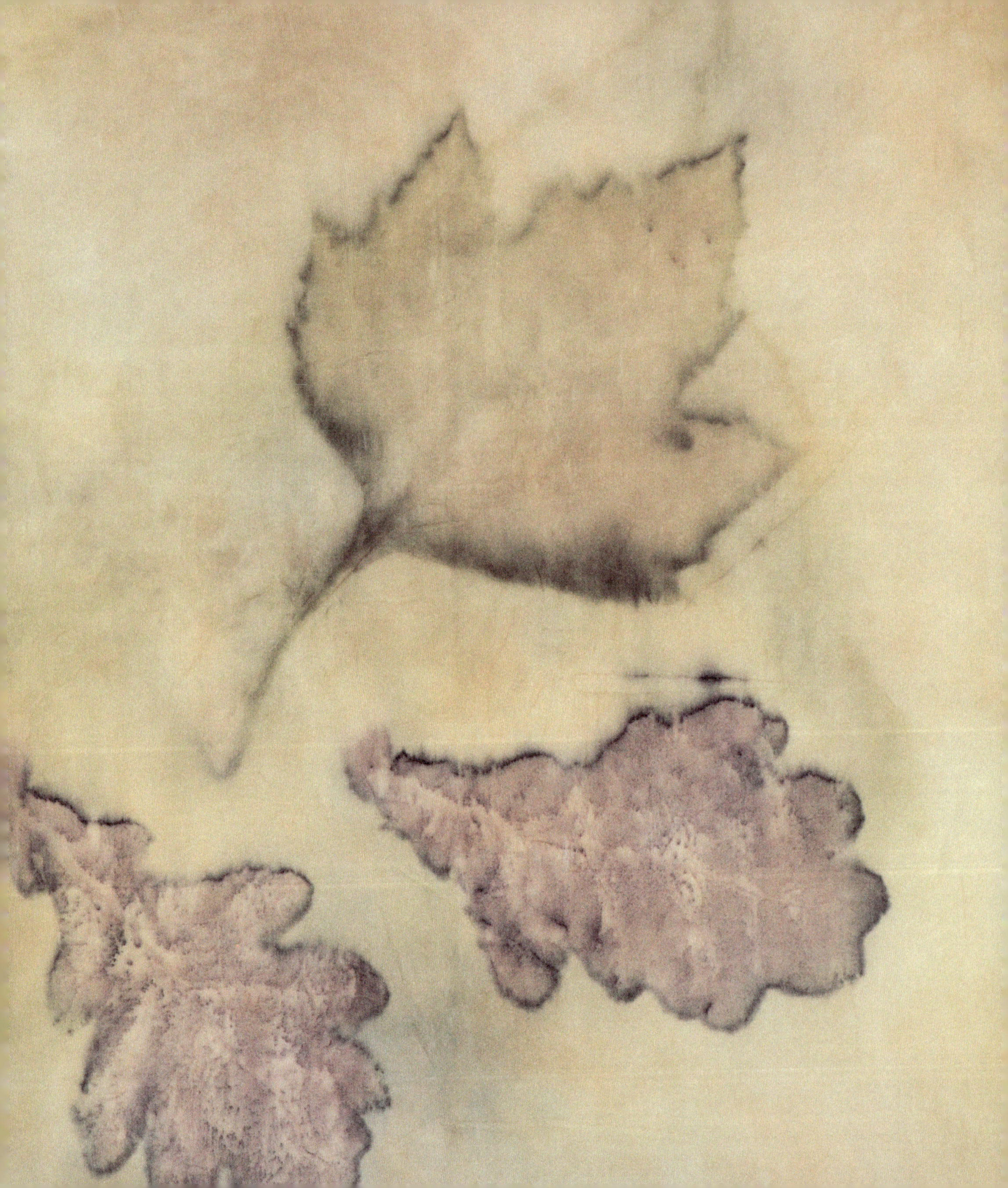

PLATANE

Die «Ahornblättrige Platane», auch «Gewöhnliche Platane» genannt, ist ein imposanter Baum der Nordhalbkugel. Er wird gut mit Autoabgasen fertig, daher findet man ihn oft als Stadtbaum. Platanen werfen regelmäßig ihre äußere Rinde geräuschvoll und in großen Stücken ab, so als würden sie sich häuten. Die Blätter ähneln sehr stark denen des Ahorns, sind aber um einiges größer, was sie fürs Kontaktfärben interessant macht. Ihre Färbekraft reicht allerdings bei weitem nicht an die des Ahorns heran. Oftmals überträgt sich nur der Umriss des Platanenblattes auf den Stoff. Gezielt eingesetzt ergibt sich aber gerade dadurch ein schöner grafischer Effekt.

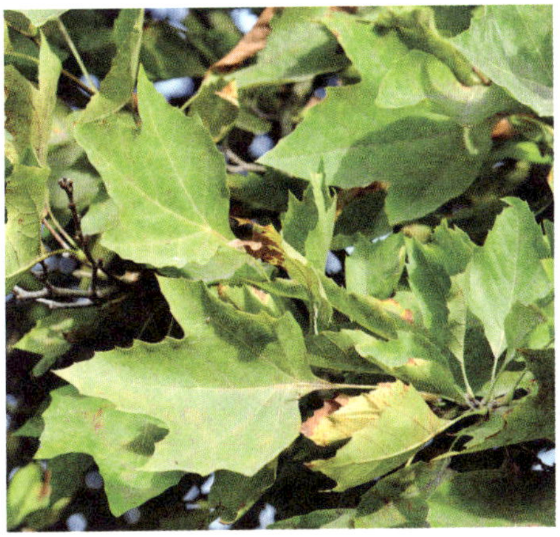

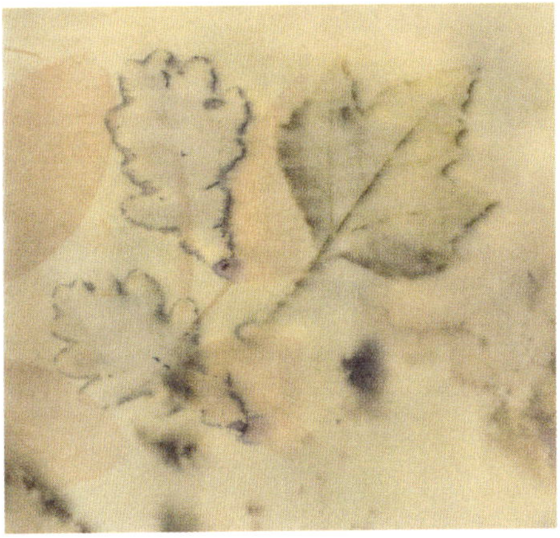

TIPP

Das marinierte Blatt vor dem Auflegen dünn mit Kurkuma- oder Hennapulver bestreuen, und/oder ein kleineres, gut färbendes Laubblatt auf die Mitte des Platanenblattes legen. Das Ganze auf dem Stoff platzieren, einrollen, dämpfen und abwarten, was passiert ...

Farbspektrum: hell-sandgelb (Blattfläche), dunkelbraun bis anthrazit (Umrisse)

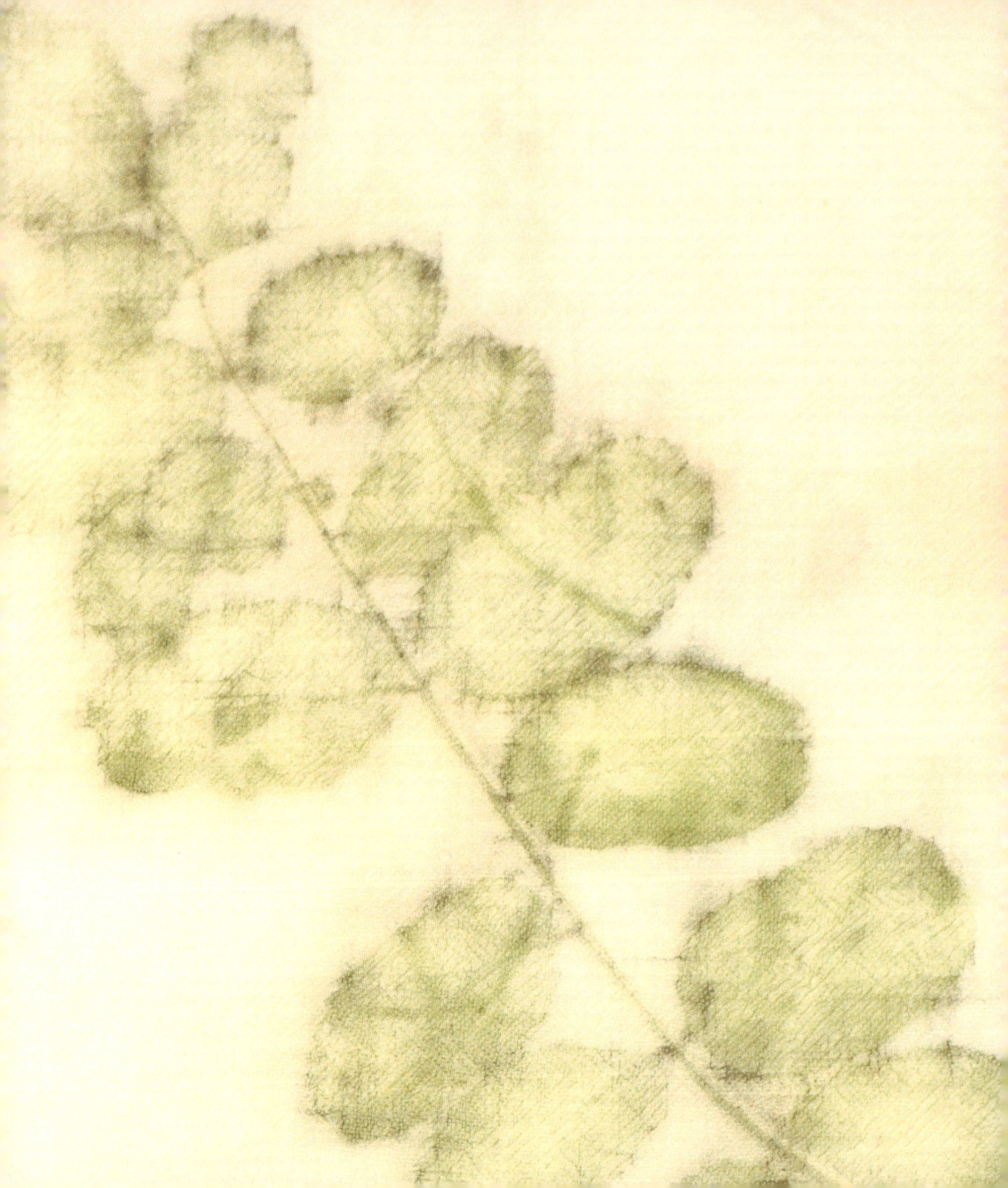

ROBINIE

Die Robinie, auch Scheinakazie oder wegen ihrer auffallenden Blüten «Silberregen» genannt, ist ein elegant wirkender Laubbaum. Seine Heimat ist Nordamerika. Die Robinie ist stark giftig. Ihre traubenartigen, weißen Blütenstände sind bei Bienen sehr beliebt (der Akazienhonig ist nicht giftig!).
Zum Färben haben es mir die hübschen gefiederten Blätter angetan. 12 und mehr sitzen sich an den Blattstielen gegenüber. Die Blätter färben leider nur sehr schwach. Daher ist ein gut vorgebeizter Stoff und gründliches Marinieren besonders wichtig (siehe hierzu die Hinweise ab Seite 101).

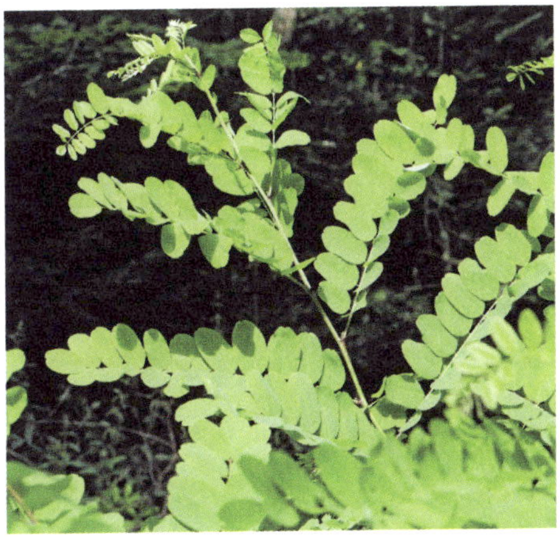

Farbspektrum: hellgelb, hellgelb-grünlich, zart-graugrün

ROSE

Sie gilt als Königin unter den Blumen und darf in keinem Garten fehlen: die Rose. Ihr Duft, ihre Farben und ihre Anmut haben die Menschen schon immer in ihren Bann gezogen. Fast auf der ganzen nördlichen Halbkugel hat sie sich in ihrer Wildform angesiedelt. Im antiken Griechenland verehrte man sie als mythologische Pflanze. Schon im 16. Jahrhundert begann man, Rosen zu veredeln, zu kultivieren und für unsere Gärten zu züchten. Wertvoll sind auch ihre Früchte, die Hagebutten. Man verwendet sie in der Medizin und zur Herstellung von Lebensmitteln. Uns Färberinnen fallen sie natürlich auch ins Auge. Besonders die tiefroten Blütenblätter ergeben schöne Ecoprints. Ganze verblühte Blütenköpfe kann man zum Bündelfärben gut gebrauchen. Die Blütenblätter kann man sowohl frisch als auch getrocknet und gepresst verwenden. Um im Winter färben zu können, friere ich immer eine Portion roter Blütenblätter ein. Rosenblütenprints sind besonders hübsch und zart auf Pongéseide. Aber auch die grünen Laubblätter der Rose färben sehr gut. Am besten nimmt man einen ganzen kleinen Zweig und legt ihn auf den vorgebeizten Stoff.

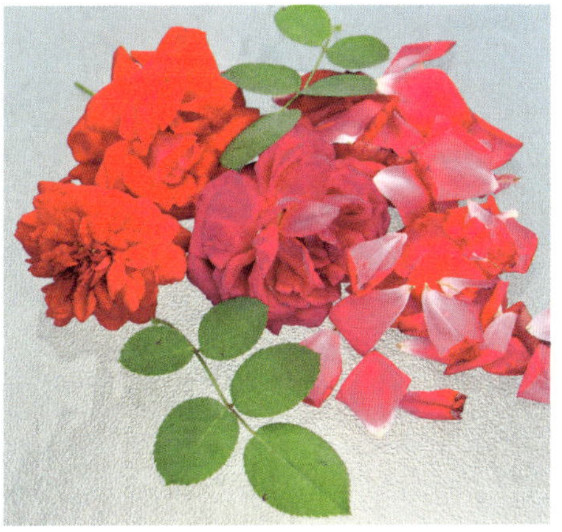

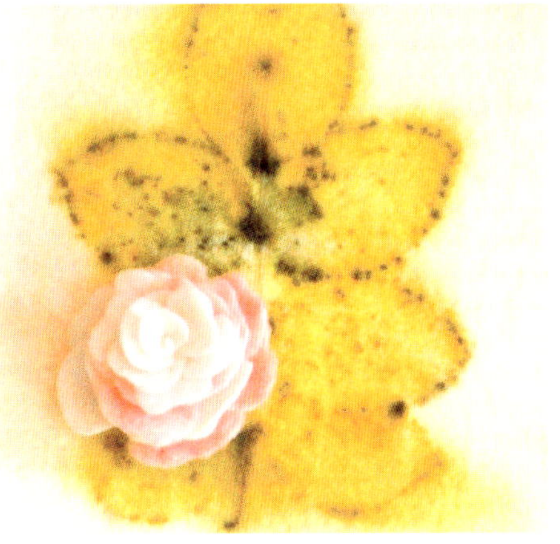

Farbspektrum rote Blüten: babyrosa, lilarosa, graurosa, altrosa, gelblich am Blattansatz

Farbspektrum grüne Blätter: olivgrün, graugrün, mittelgelb

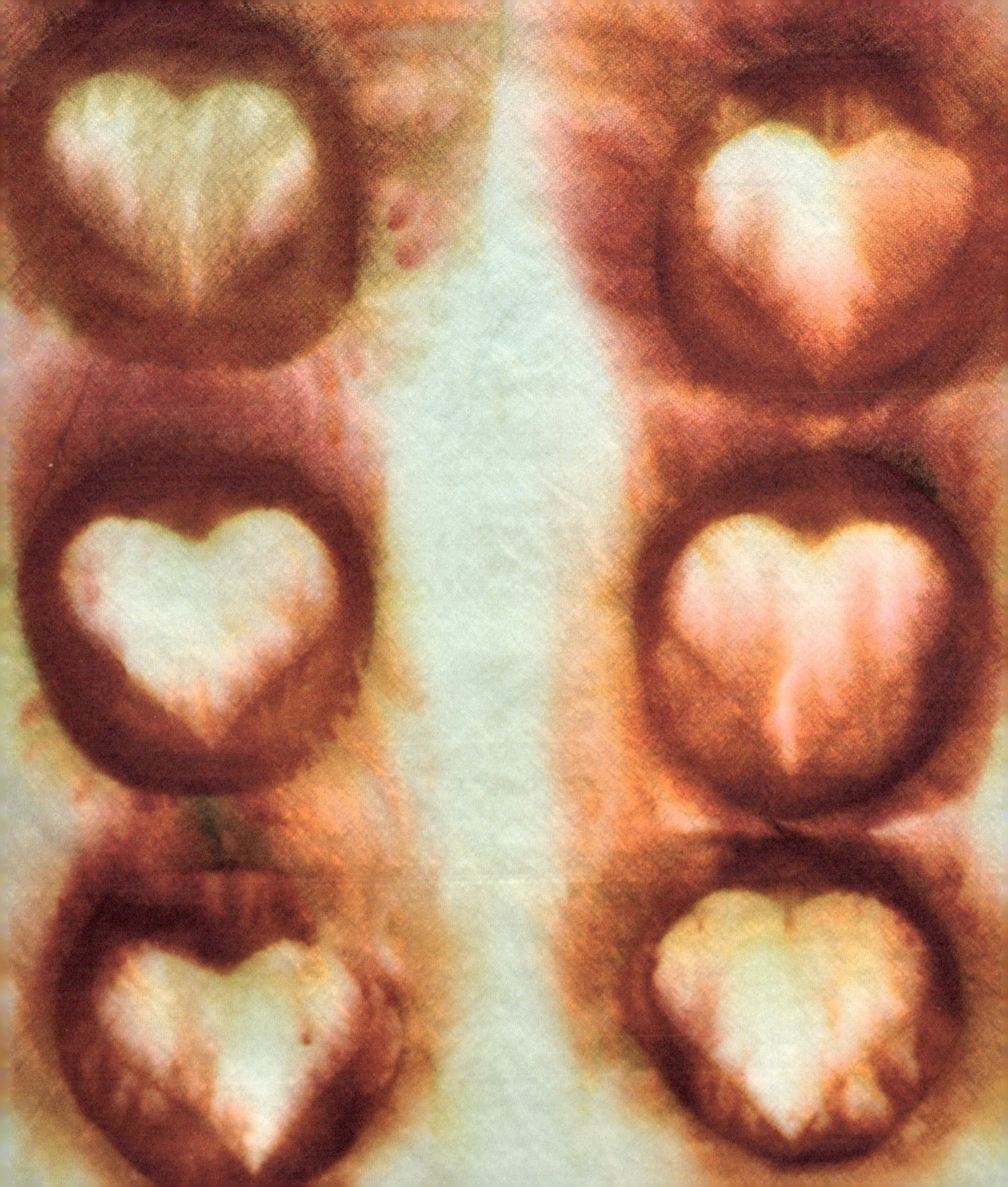

ROTE BETE ▧▧▧

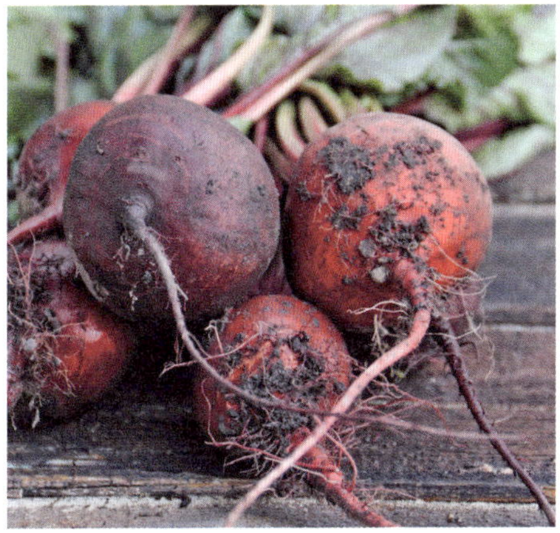

Die Rote Bete oder Rote Rübe ist eine wertvolle, leckere Gemüsepflanze aus der Familie der Fuchsschwanzgewächse. Wie kräftig diese Knolle färbt, hat wohl jeder schon einmal beim Zubereiten an den eigenen Fingern erfahren.
Zum Kontaktfärben auf Stoff eignet sie sich natürlich auch. Die ungekochte Rübe in dünne Scheiben, ca. 2 mm (Gemüsehobel), schneiden. Die Rüben sollten möglichst groß, sehr reif und ein wenig welk bzw. überlagert sein. Dann sind sie weicher und lassen sich besser ausstechen und einrollen. Denn das Ausstechen mit Ausstecherformen, wie man sie für Plätzchen benutzt, ist der nächste Schritt. Besonders Kinder haben Freude daran, Sternchen, Herzen, Tiere etc. auszustechen und auf dem Stoff zu arrangieren. In Kombination mit Rotkohl (auf Seite 90) entsteht ein hübscher «Gemüsestoff».

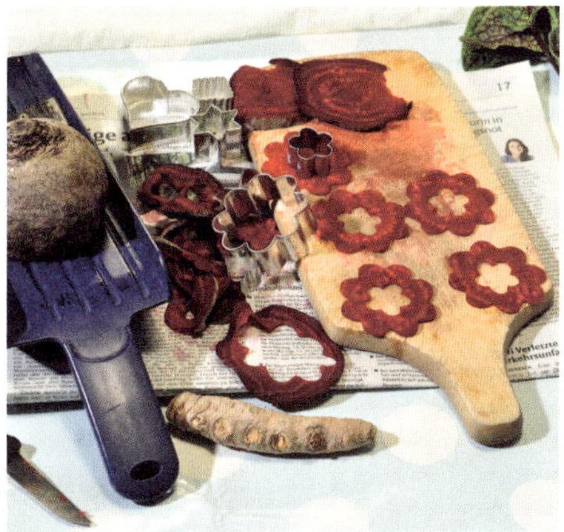

TIPP

Hat man eine Form ausgestochen, nimmt man einen kleineren Ausstecher und sticht die Mitte noch einmal aus, das ergibt einen schöneren Druck.
Mann kann natürlich sowohl die ausgestochene Form (Herz o.Ä.) als auch den Rand (Negativform) verwenden.

Farbspektrum: hellorange, orangerot, backsteinrot, rotbraun

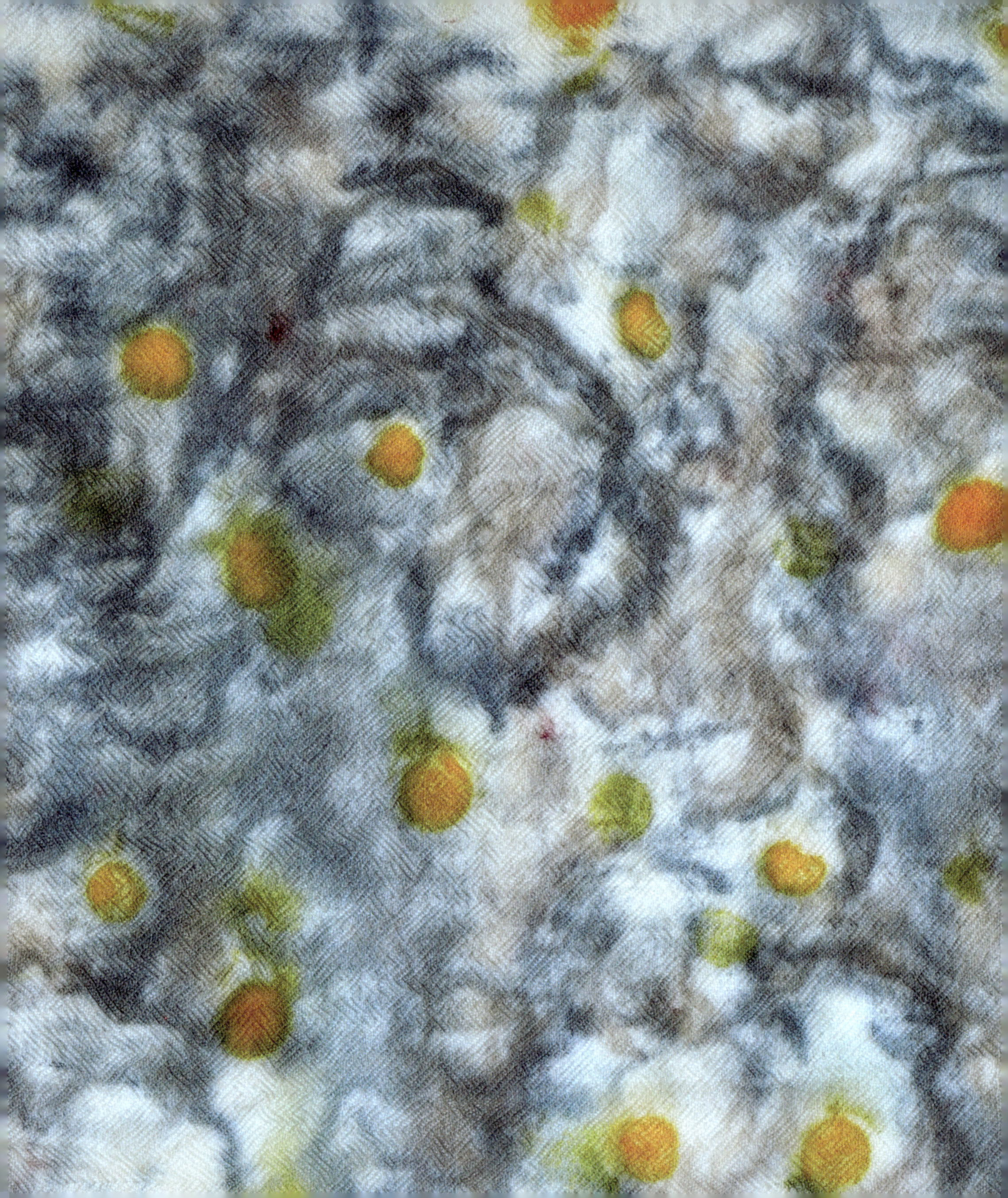

ROTKOHL (BLAUKRAUT)

Rotkohl ist ein beliebtes Wintergemüse. Die festen Kohlköpfe werden von eng aneinanderliegenden Blättern gebildet. Ob die Farbe der Kohlblätter mehr zu rot oder mehr zu blau tendiert, hängt von der Beschaffenheit des Ackerbodens ab. Zum Kontaktfärben kann man ganze rohe Blätter vom Strunk ablösen und flach auf den vorgebeizten Stoff legen. Wer möchte, schneidet Muster in die Blätter. Oder man hobelt dünne Streifen vom Kohlkopf (wie beim Gemüsezubereiten) und verteilt sie auf dem Stoff. Dabei entsteht ein «lockiges» Muster, auf Baumwollstoff sogar ein durchgehendes Himmelblau ohne Muster.

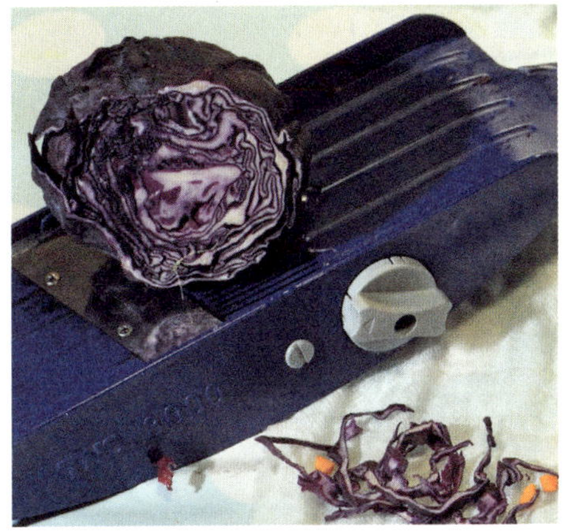

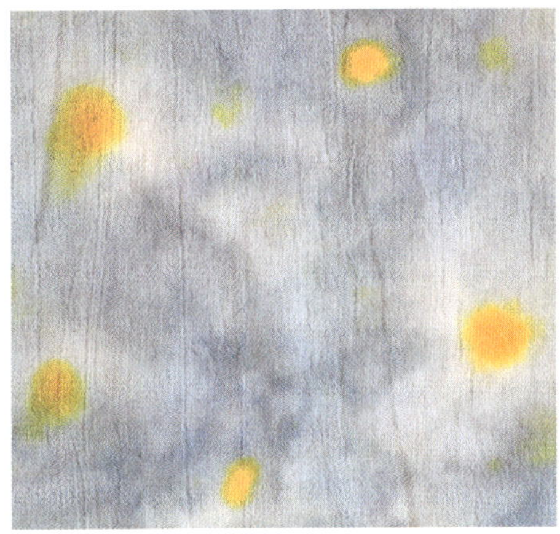

Links: Rotkohlmuster mit Kurkurmatupfen aufgelockert auf Etamine de Laine

Rechts: Rotkohl mit Kurkurmatupfen auf Baumwolle, es entsteht ein zarteres Blau.

Farbspektrum: hellblau, blauviolett, blaugrau, rötlich-grau

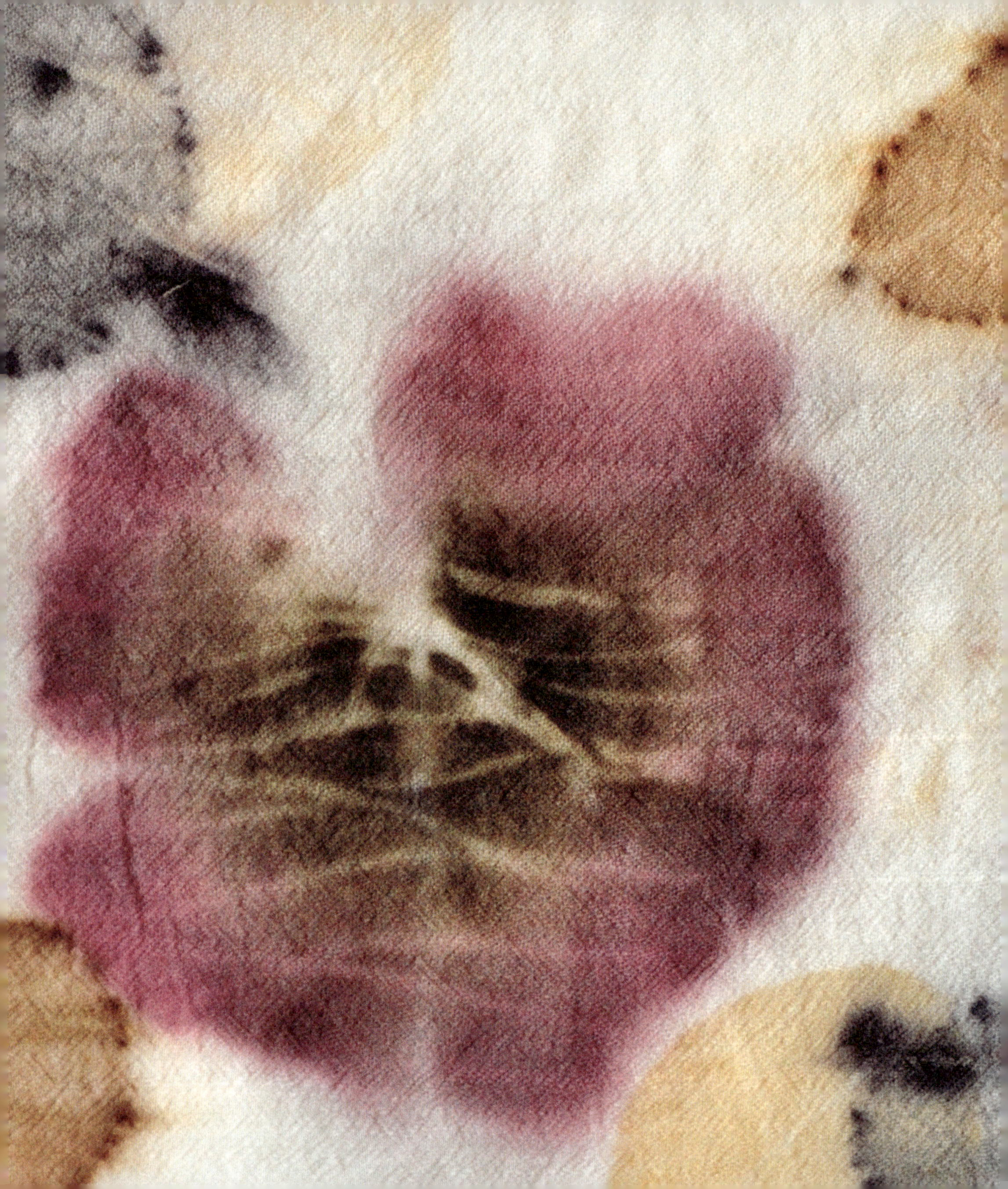

STOCKROSE

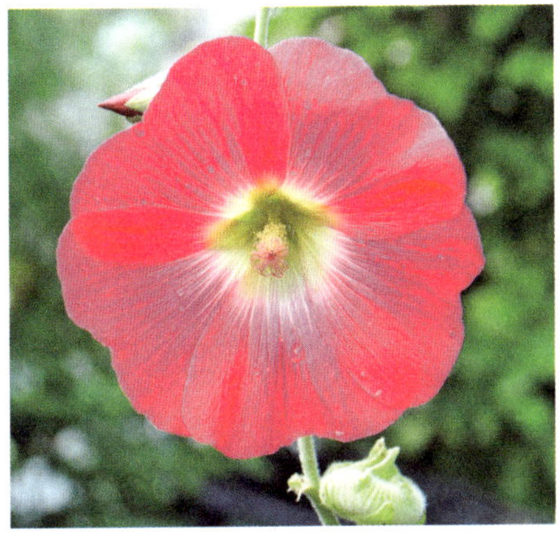

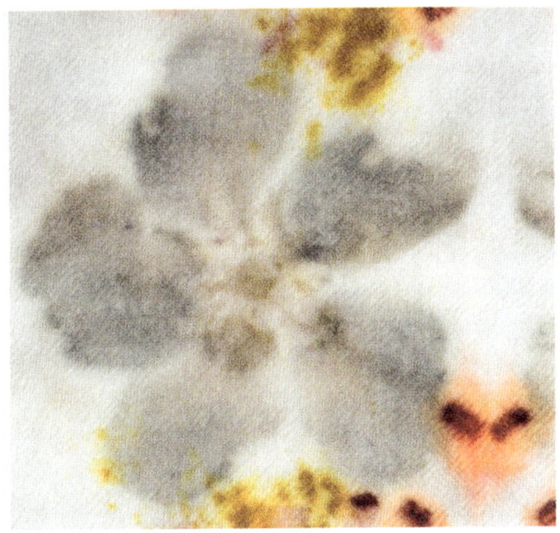

Stockrosen, auch Bauernrosen genannt, gehören zu den Malvengewächsen. Ihre Heimat ist der östliche Mittelmeerraum. Früher verwendete man sie zum Färben von Textilien, Lebensmitteln und Süßspeisen. Heute wird sie gern Teemischungen beigegeben. In meinem Garten wachsen Stockrosen mit einfachen ungefüllten Blüten.
Zum Färben sind nur die pink-, rot- und violettfarbenen zu gebrauchen. Im Sommer werden die Blüten fast handtellergroß und die ganze Pflanze 1 bis 2 m hoch. Zum Glück sind sie sehr blühfreudig, sodass ich die Blüten ohne Scheu ernten kann, um damit zu färben.
Zum Kontaktfärben drücke ich vor dem Einrollen und Dämpfen die voll entfaltete Blüte mit der flachen Hand auf den Stoff und decke gleich mit einer zweiten Stofflage oder mit Frischhaltefolie ab. Selbstverständlich sind die Stoffe vorgebeizt.
Stockrosenblüten färben getrocknet und gepresst besser als frisch.
Zwischen Küchenkrepp und dicken Büchern kann man sich einen Vorrat anlegen, wenn man vielleicht im Winter färben bzw. drucken möchte.

Farbspektrum: pastellrosa, graurosa, violettgrau

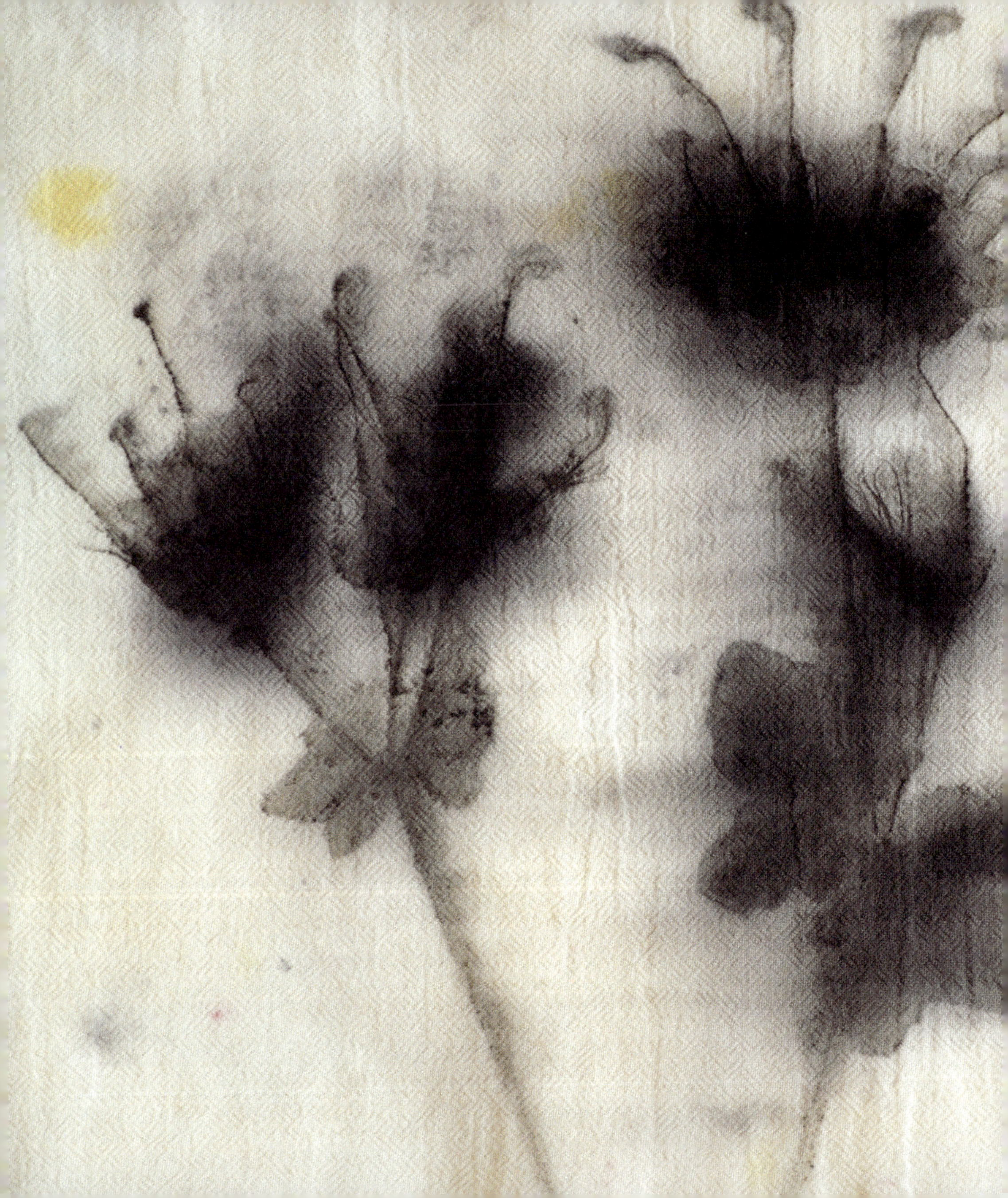

STORCHSCHNABEL

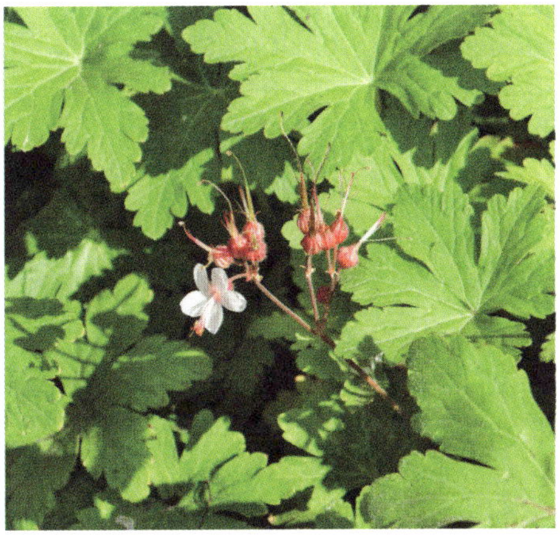

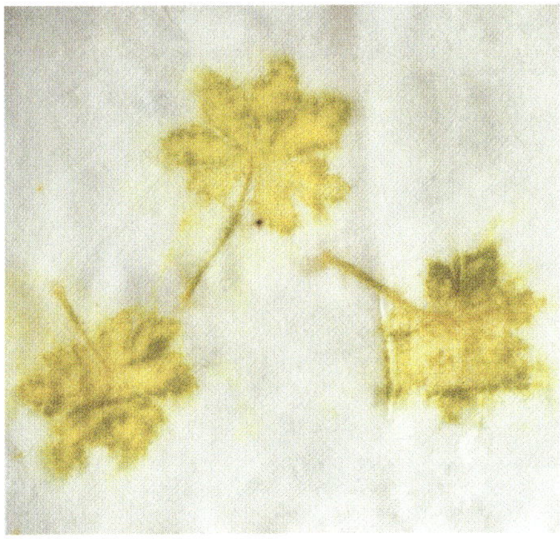

Storchschnäbel oder Geranien kommen in mehreren hundert Arten auf allen Kontinenten vor. Sie gelten in erster Linie als Zierpflanzen und enthalten ätherische Öle. Reibt man die Blätter ein wenig zwischen den Fingern, spürt man das klebrige Öl, gleichzeitig entfaltet sich ein feiner aromatischer Duft, je nach Art mal mehr mal weniger intensiv. Nach der Blüte erscheinen an der Pflanze ungewöhnliche, längliche Fruchtstände, die an den Kopf eines Storches mit langem Schnabel und langgestrecktem Hals erinnern, daher der Name. Mich hat besonders der «Balkan-Storchschnabel» fasziniert. Man findet diesen Bodendecker sehr häufig an Gehölzrändern und in Ortschaften als Unterpflanzung von Straßenbäumen. Zudem ist er eine wichtige Bienenweidepflanze.
Es färbt und druckt die ganze Pflanze, wobei die blassrosa Blüten zu vernachlässigen sind. Neben den schöngeformten Blättern ergeben besonders die bizarren Fruchtstände interessante Drucke, die an Federzeichnungen erinnern. Wie kleine Antennen ragen die Spitzen (Schnäbel) nach oben, vorausgesetzt man drapiert sie entsprechend geschickt auf dem Stoff.

TIPP

Die Pflanze auf Küchenkrepp schön auslegen und ausrichten und zwischen dicken Büchern ein paar Tage pressen. Dann verändern sie ihre Form nicht mehr und man kann sie problemlos auf dem gebeizten Stoff auslegen.

Farbspektrum: mittelgelb, anthrazit, dunkeloliv

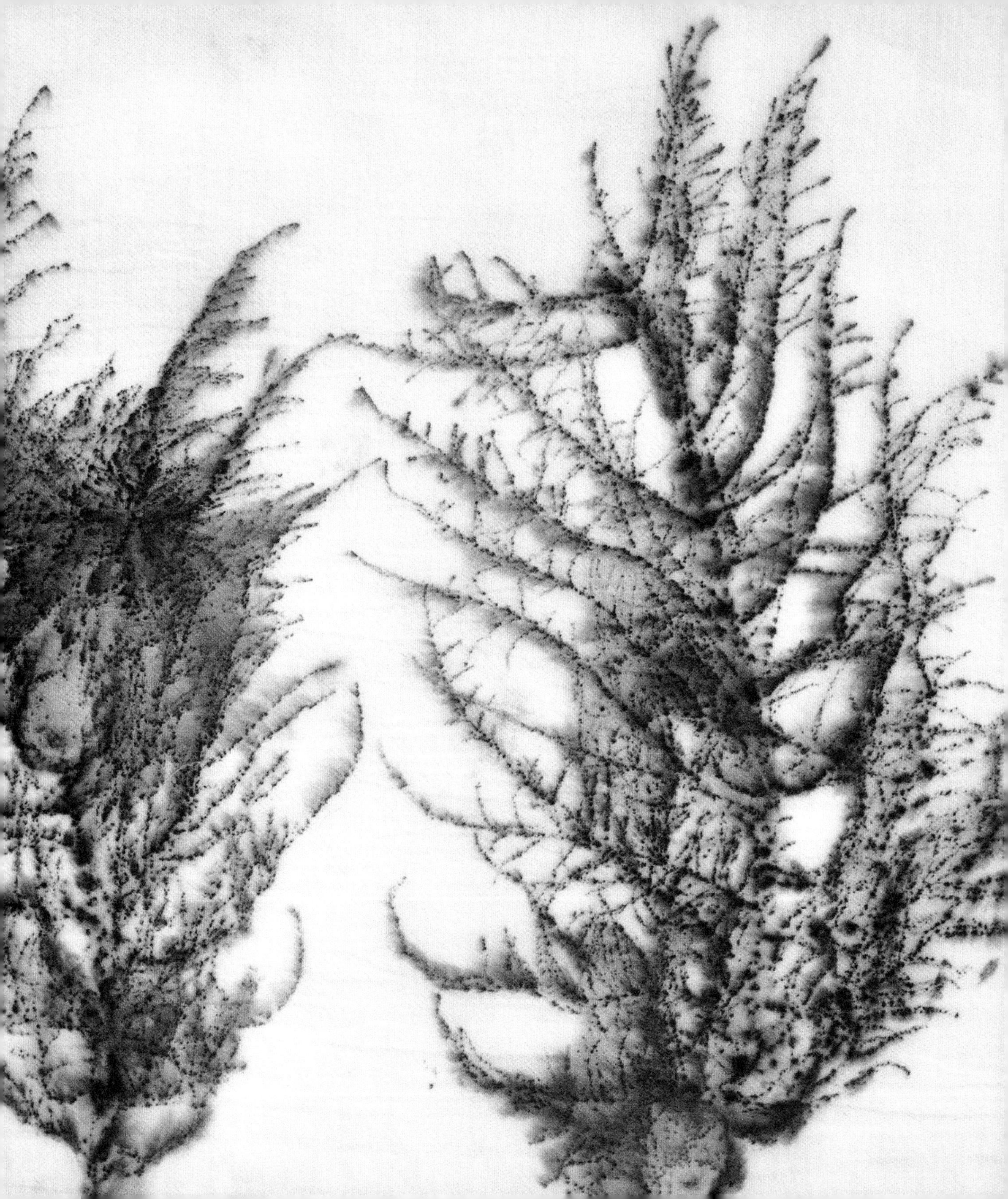

TAMARISKE ▧▧▧

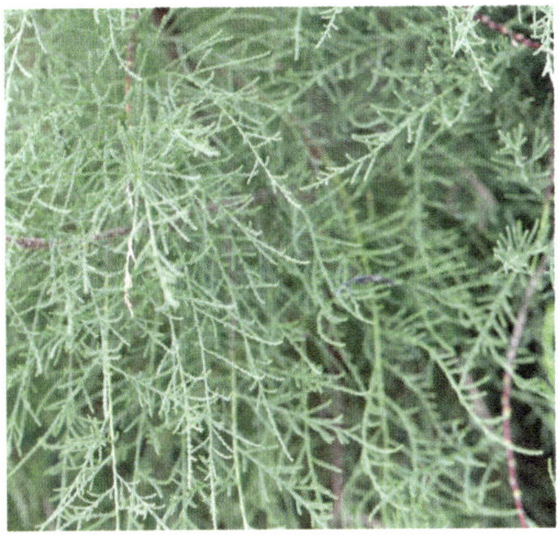

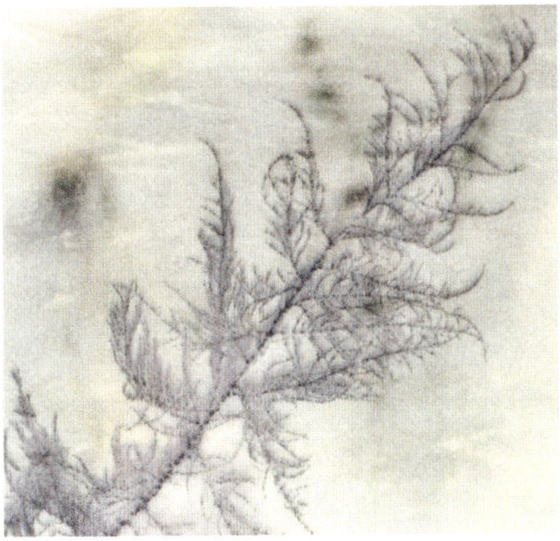

Tamarisken sind gut verzweigte Sträucher oder auch Bäume des Mittelmeerraums. Am Strand von Matala auf Kreta fielen sie mir das erste Mal auf: große, schattenspendende Bäume, die im Sand standen. Tatsächlich machen ihnen salzhaltige Böden nichts aus, ebenso wenig wie Halbwüsten, Steppen und starke Winde. Im alten Ägypten glaubte man, dass sich der Auferstehungsgott Osiris in Tamarisken aufhielt. Auch in der Bibel und im Koran werden sie erwähnt. In meinem Garten steht eine strauchartige Frühlingstamariske. Ihre traubigen, rispigen Blütenstände verwandeln den Busch jedes Frühjahr in eine duftige rosa Wolke. Nach der Blüte ernte ich ein paar der schmalen, schuppenförmigen, graugrünen Blätter zum Drucken. Die Pflanze ist gerbsäurehaltig. Die Blätter können zudem aus punktförmigen Drüsen Salz ausscheiden. Das werden die Gründe dafür sein, dass Tamariskenzweige so vorzüglich färben, besonders auch auf Baumwolle.

Der Stoff sollte nicht zu nass sein, wenn man die Zweige auflegt, sonst verschwimmen die Konturen. Die schmalen Zweige mit den feinen Blättern schön ausrichten, dabei sollte man sich Zeit lassen. Mariniert man die Zweige, werden sie vor dem Auflegen kurz auf Küchenkrepp abgetupft. Fast wie eine feine Federzeichnung sieht ein fertiger gelungener Kontaktdruck aus. Tamariskenzweige nur frisch vewenden.

Farbspektrum: hellbraun, mittelbraun, anthrazit, tintenschwarz

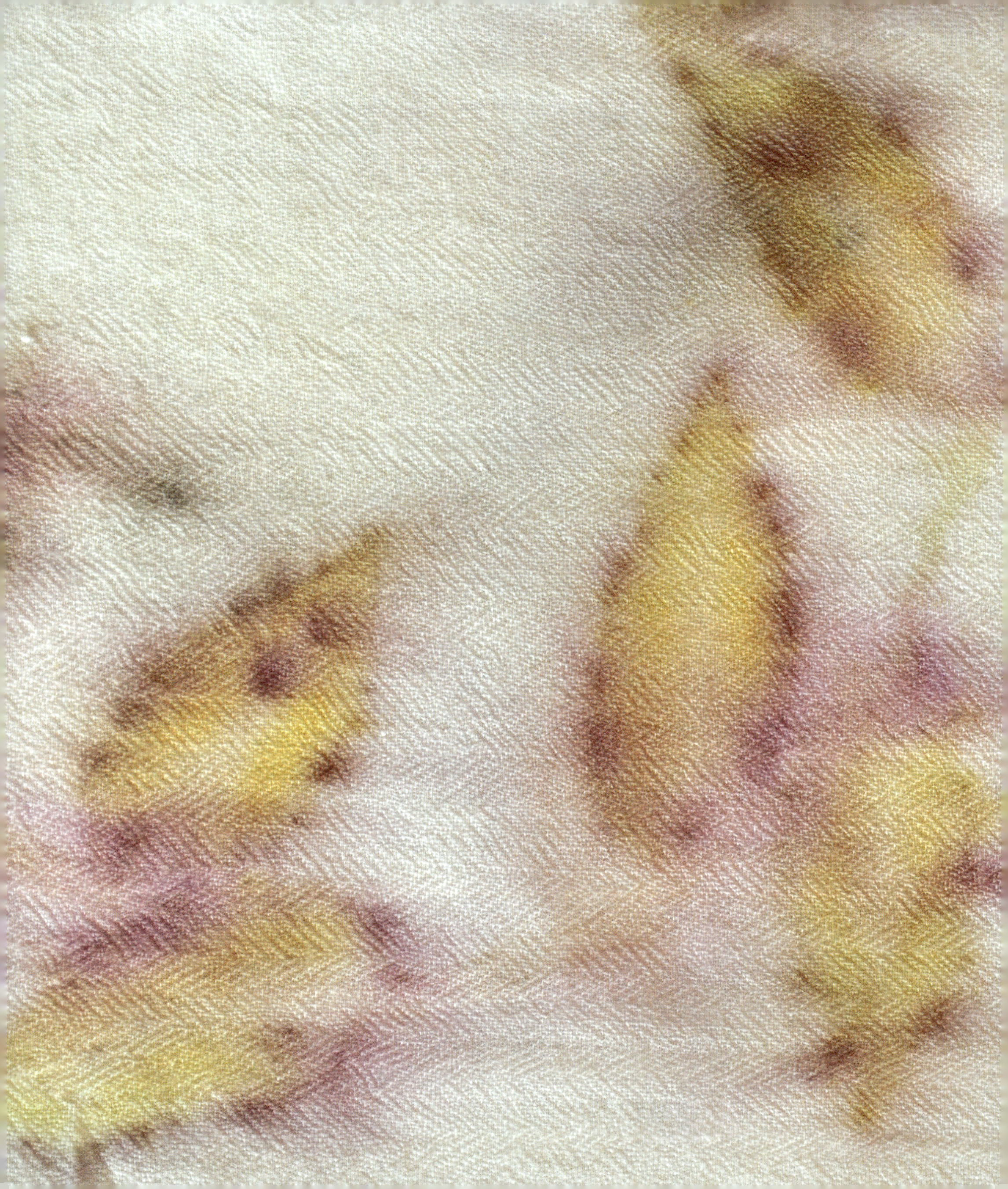

TRADESKANTIE

Tradeskantien, auch Gottesaugen oder Zebrakraut genannt, stammen ursprünglich aus Südamerika. Manch einer kennt sie vielleicht noch aus Omas Stube, wo sie häufig als Ampelpflanze am Fenster hing. Die krautige Pflanze ist anspruchslos und lässt sich leicht durch Stecklinge vermehren. Die attraktiven Blätter haben eine länglich-spitzovale Form. Die Blattoberseite ist zweifarbig gestreift, die Unterseite einfarbig violett. Die stiellosen Blätter sitzen an Ranken, die 40 bis 60 cm lang werden können. Zum Kontaktfärben knipst man am besten eine lange Ranke ab und drapiert sie auf dem gebeizten, feuchten Stoff.

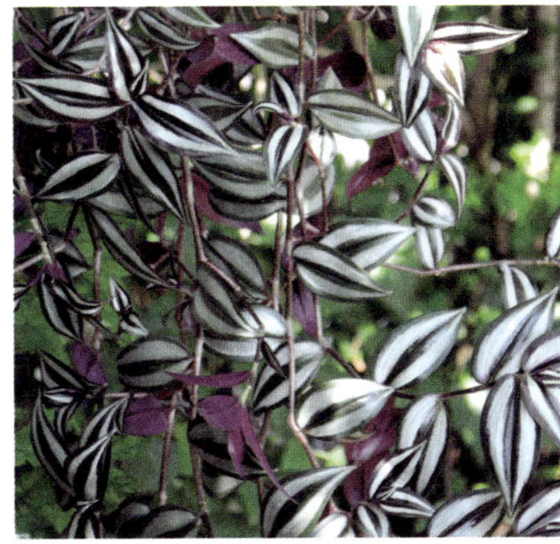

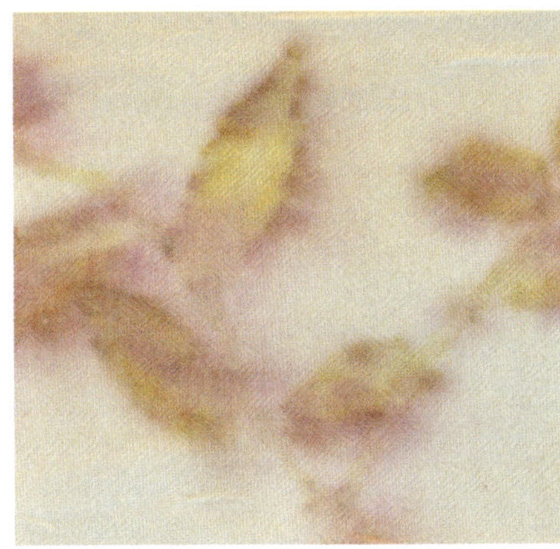

Farbspektrum: leuchtend-gelb, violettrosa, braunviolett

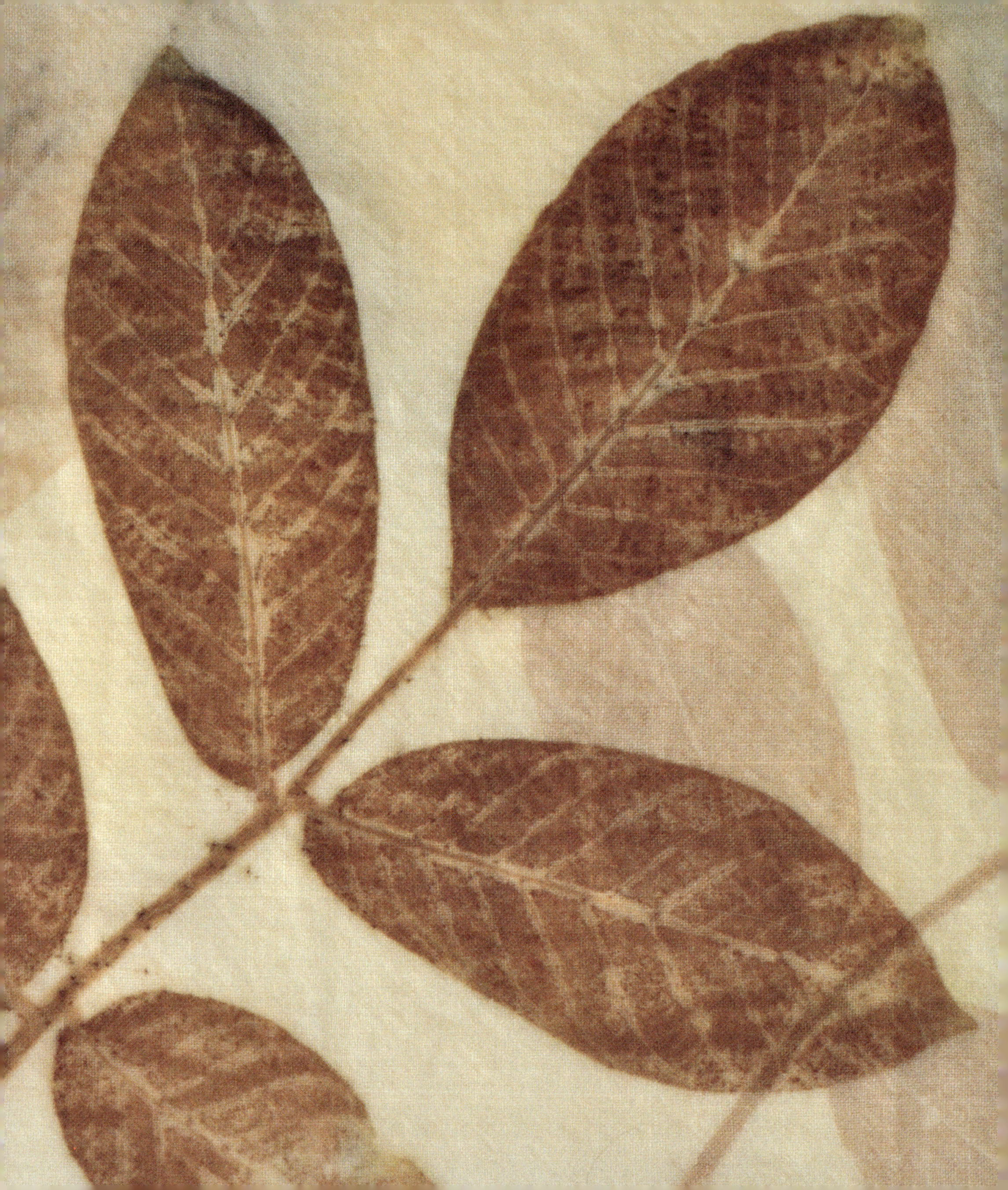

WALNUSS

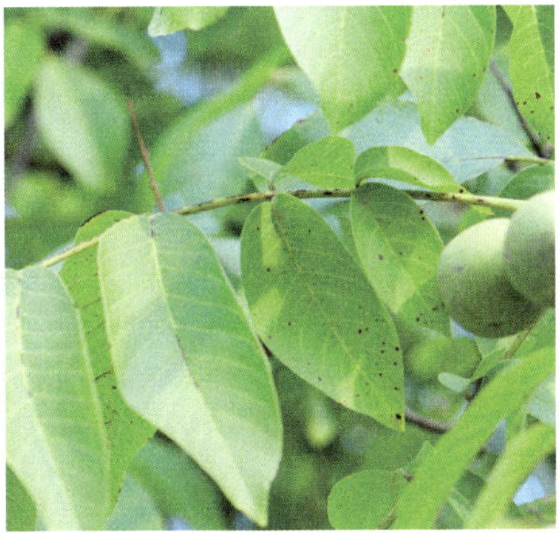

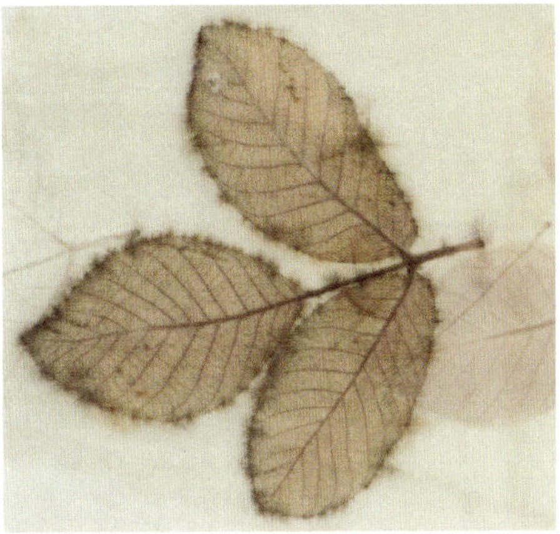

Der Walnussbaum, wunderbar und wertvoll, gehört zu meinen Lieblingsbäumen. Nach 60 bis 80 Jahren erst ist er ausgewachsen. Er liebt die Wärme und gedeiht am besten in Weinanbaugebieten. Leider ist sein Bestand bei uns stark rückläufig.
Vor 9.000 Jahren schon sollen seine gesundheitsfördernden und schmackhaften Nüsse den Menschen als Nahrung und Heilmittel gedient haben. Aus Vorder- und Mittelasien stammt er ursprünglich und kam spätestens mit den Römern zu uns. Sie waren es auch, die die grünen Schalen der Walnüsse schon als Färbemittel benutzten. Walnussholz ist sehr begehrt. Man baut daraus hochwertige Möbel und Musikinstrumente. Um alle Vorzüge des Walnussbaums aufzuzählen, reicht hier der Platz nicht aus, er wäre ein eigenes kleines Buch wert.
Die gerbstoffreichen Blätter sind wechselständig und unpaarig gefiedert. Ein Blatt setzt sich aus 5 bis 9 Fiederblättchen zusammen.
Zum Kontaktfärben kann man ein ganzes kleineres Blatt verwenden oder man zupft ein einzelnes Fiederblatt ab. Einen riesigen Walnussbaum entdeckte ich im besonders warmen Sommer 2018 am Ufer eines kleinen Flusses. Dort schien es ihm ausgesprochen gut zu gefallen, denn seine Fiederblätter waren fast 30 cm lang (siehe Ecoprint auf Seite 133).
Walnussblätter färben beidseitig sehr kräftig, wobei die Unterseiten die Blattadern deutlicher hervortreten lassen. Man kann sie sowohl frisch als auch getrocknet und gepresst verwenden. Die Blattstiele, von allen Fiederblättern befreit und auf dem

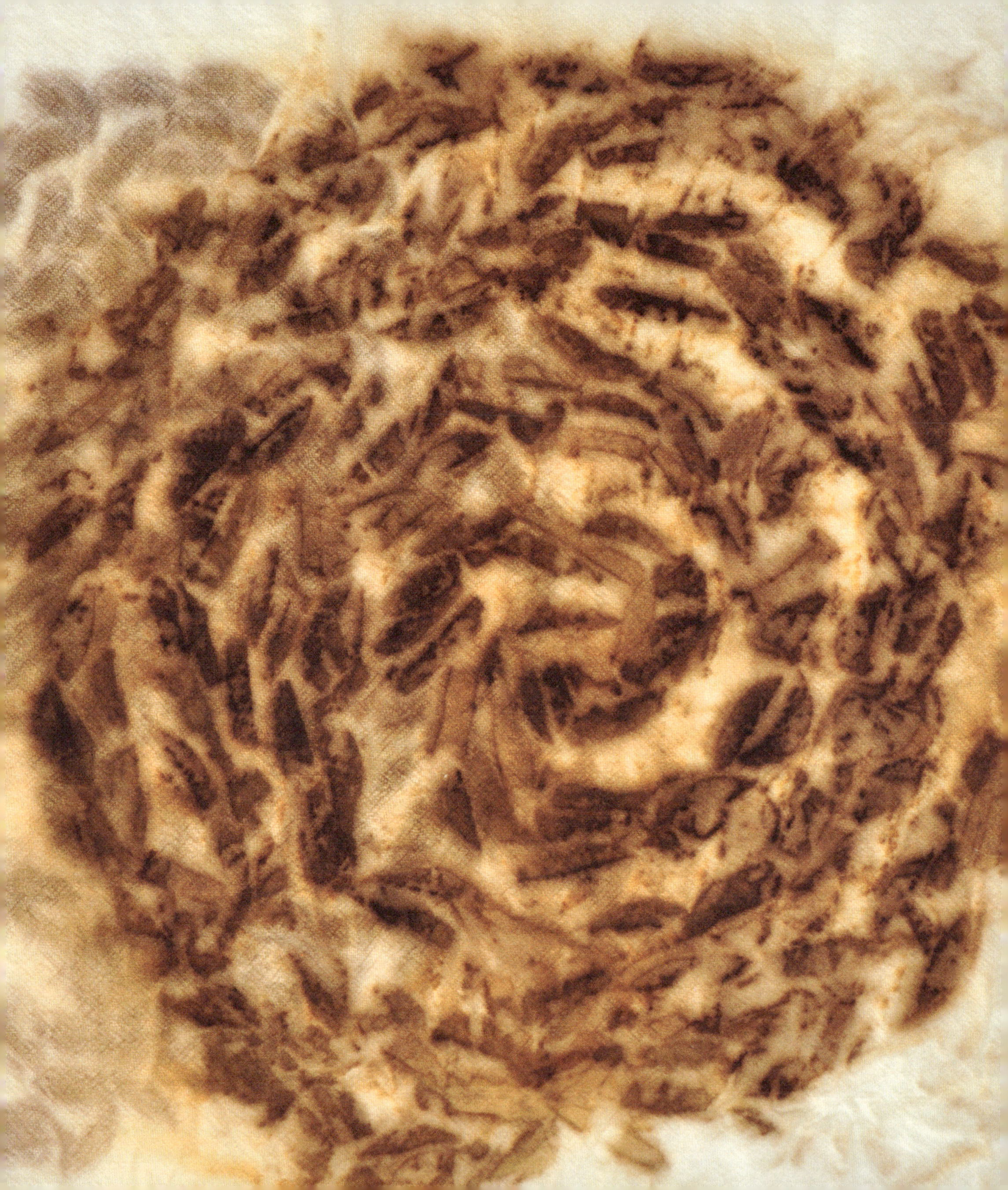

Stoff entsprechend arrangiert, ergeben schöne, grafische Prints. Auch die grünen Schalen, die die Nüsse einhüllen, färben ebenfalls sehr intensiv. Sobald sie sich aber braun verfärben, verlieren sie ihre Färbekraft. Ich schäle sie vorsichtig ab und zerschneide sie, wie es mein Stoffmuster verlangt, z. B. in Stifte für ein Streumuster oder in rundliche Stücke, um beispielsweise eine Spirale oder ein Leopardenmuster auf den Stoff zu legen. Die Finger sind danach tagelang dunkelbraun gefärbt. Wer das vermeiden möchte, sollte Handschuhe verwenden!

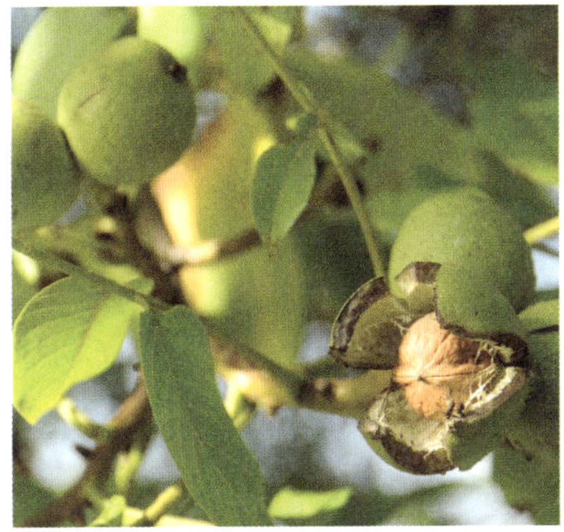

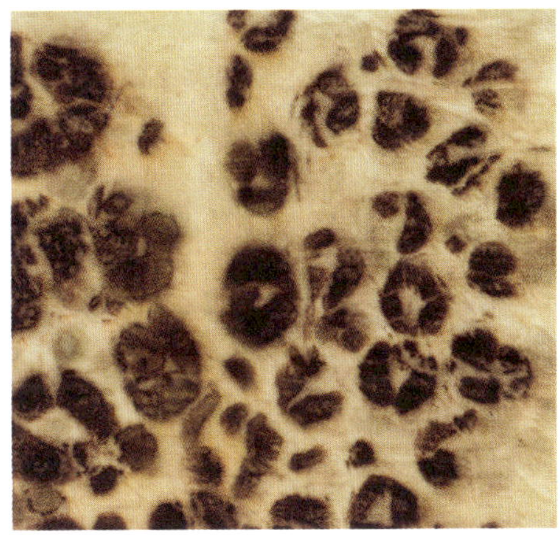

Farbspektrum: ockergelb, warm-hellbraun, dunkelbraun, grünlich-braun

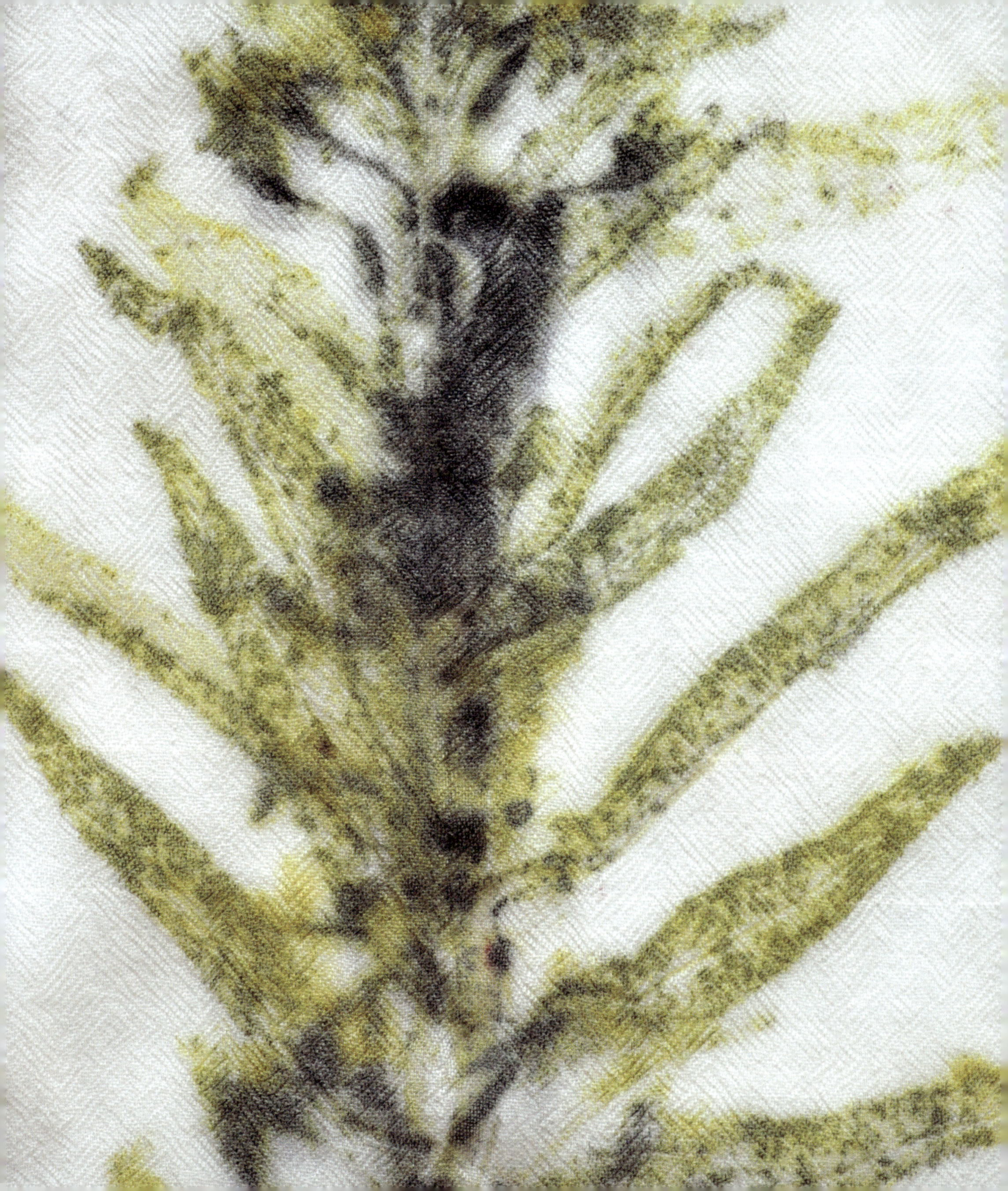

WEIDENRÖSCHEN

Weidenröschen gehören zu den Nachtkerzengewächsen und bevorzugen ein gemäßigtes Klima. Daher sind sie auch nur auf der Nordhalbkugel zu finden. Als Pionierpflanzen besiedeln sie Kahlschläge, Böschungen, Schutthalden und verbrannte Flächen. Nach dem Zweiten Weltkrieg nannte man sie deshalb auch «Trümmerblümchen». Weidenröschen kann man sogar zu Salaten und Gemüse verarbeiten, ebenso zu heilkräftigen Tees, denn sie enthalten reichlich Vitamin C. Von den 190 verschiedenen Arten interessiert uns zum Färben vor allem das «Schmalblättrige Weidenröschen», an dessen Stängel schlanke, lanzettförmige Blätter angeordnet sind. Oben in der Blattrosette erscheinen die kleinen rosafarbenen, traubenförmigen Blütenrispen.

Zum Färben und Drucken eignet sich die ganze Pflanze, besonders auch wegen ihres Gerbsäuregehalts. Sie druckt besonders gut auf Baumwolle. Blatt Ober- und Unterseite sind zum Druck geeignet. Man kann sie frisch oder getrocknet und gepresst verwenden.

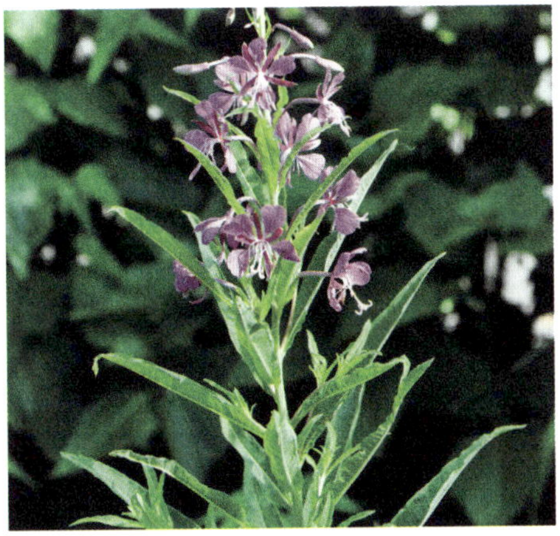

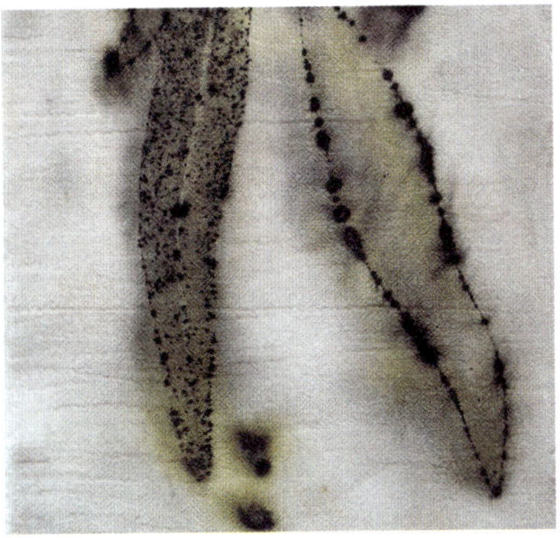

Farbspektrum: grüngelb, helloliv, braungelb, dunkelgrau

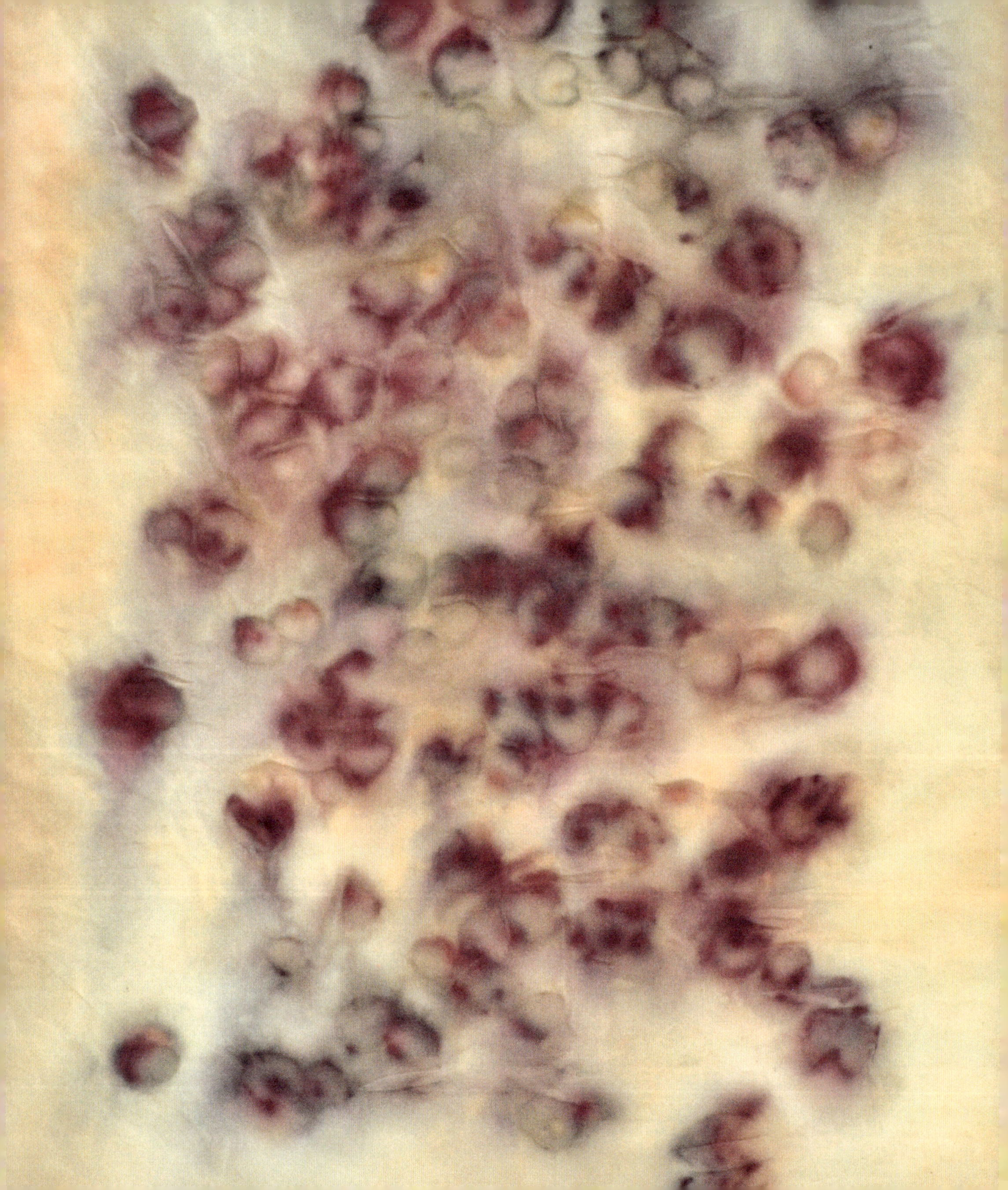

WILDER WEIN

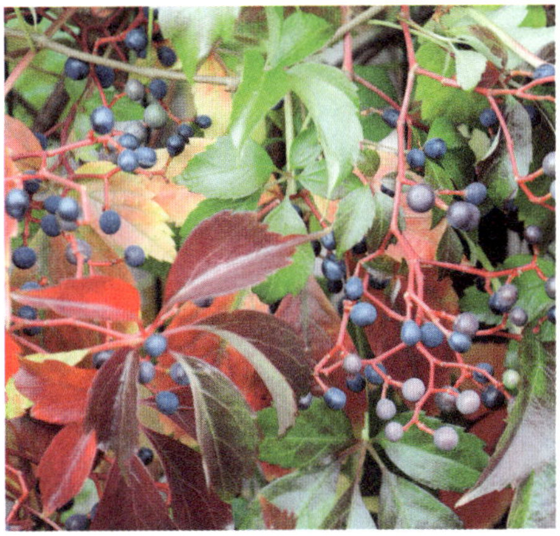

Der wilde Wein (Jungfernrebe) ist aus Nordamerika zu uns gekommen. Dabei handelt es sich um einen weit verbreiteten Kletterstrauch, der sich mittels Haftscheiben an Mauerwerk und Zäunen hochwindet.
Die schönen Blätter, auch wenn sie sich zum Herbst hin selbst farblich so eindrucksvoll verwandeln, färben leider nicht, die Beeren, die im Spätherbst erntereif sind, aber umso mehr. Ich zupfe sie in überreifem Zustand einzeln von den Dolden und verteile sie auf dem gebeizten Stoff, bevor ich diesen dann mit Folie abdecke und stramm einrolle. Das Resultat sind dekorative runde Abdrücke.
Man kann die Beeren auch gut einfrieren, wenn man nicht gleich zum Färben kommt. Sie sind leicht giftig und für Menschen nicht zum Verzehr geeignet.

Farbspektrum: hellviolett, dunkelviolett

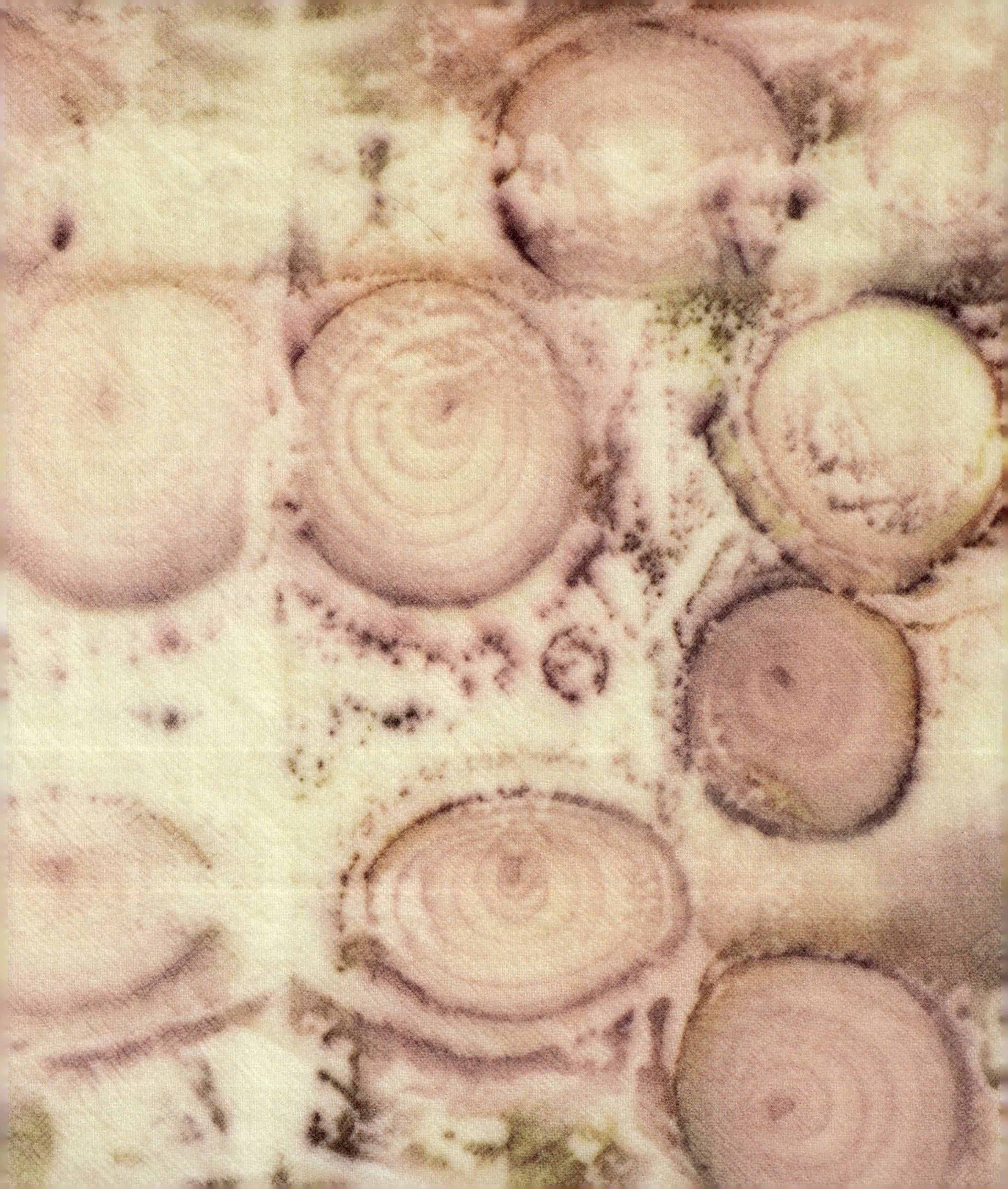

ZWIEBEL

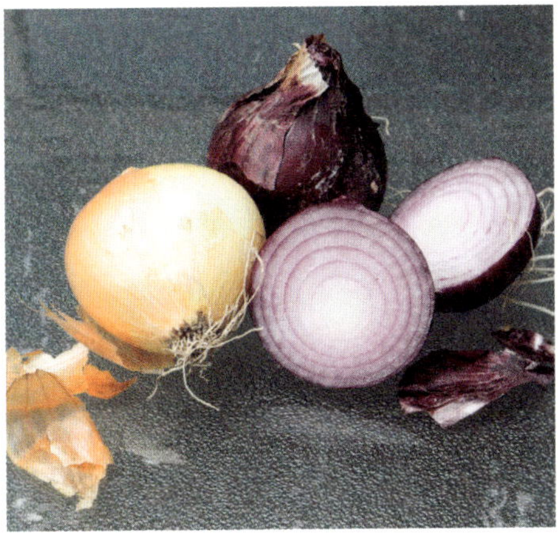

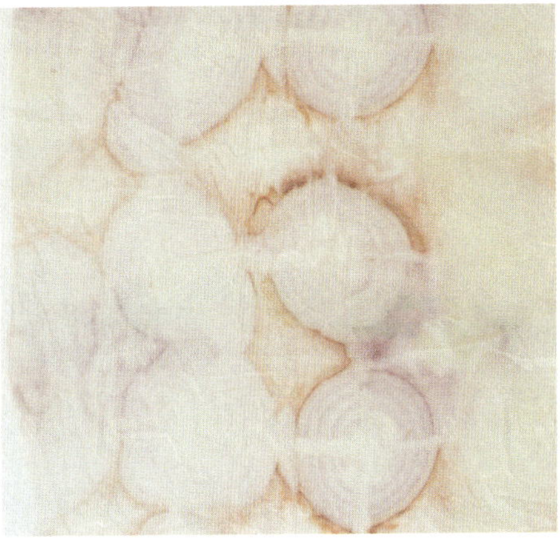

Seit mehr als 5.000 Jahren dient die Zwiebel (Zibolte, Pölla) als Heil-, Gewürz- und Gemüsepflanze dem Wohlbefinden und der Gesundheit von uns Menschen. Somit ist sie eine der ältesten Kulturpflanzen überhaupt. In Mittelasien soll sie beheimatet sein. Sogar dem ägyptischen Pharao Tutenchamun gab man Zwiebeln mit ins Grab.

Doch zurück in unsere Zeit. 2015 kürte man die Speisezwiebel zur Heilpflanze des Jahres. Zum Färben von Textilien, nicht nur von Ostereiern, kann man ihre Schale verwenden. Dazu sammelt man die Schalen der roten und der gelben Zwiebeln getrennt, wie sie in der Küche anfallen. Zum Kontaktfärben werden sie dann trocken, breitflächig oder sparsam auf dem Stoff verteilt und eingerollt. Die rote Speisezwiebel schneidet man – ungeschält – in dünne Scheiben und platziert sie auf dem Stoff. Zum Schneiden am besten einen Gemüsehobel verwenden und auf ca. 2 mm einstellen.

Die feinen Linien der Zwiebelringe übertragen sich durch das Einrollen und Dämpfen auf den Stoff. Besonders auf Seide kann das sehr hübsch und zart wirken.

Farbspektrum rote Zwiebel: rosa, bordeaux-rosa, braunrot, olivgrün, aubergine

Farbspektrum gelbe Zwiebel: hellgelb, dunkelorange

PFLANZENKOMBINATIONEN

Die Pflanzen, die bislang einzeln vorgestellt wurden, ergeben in Kombination miteinander schöne und oft überraschende Resultate. Es werden auf den folgenden Seiten zum einen die mit den Pflanzenteilen belegten und zum anderen die fertigen Stoffe gezeigt.

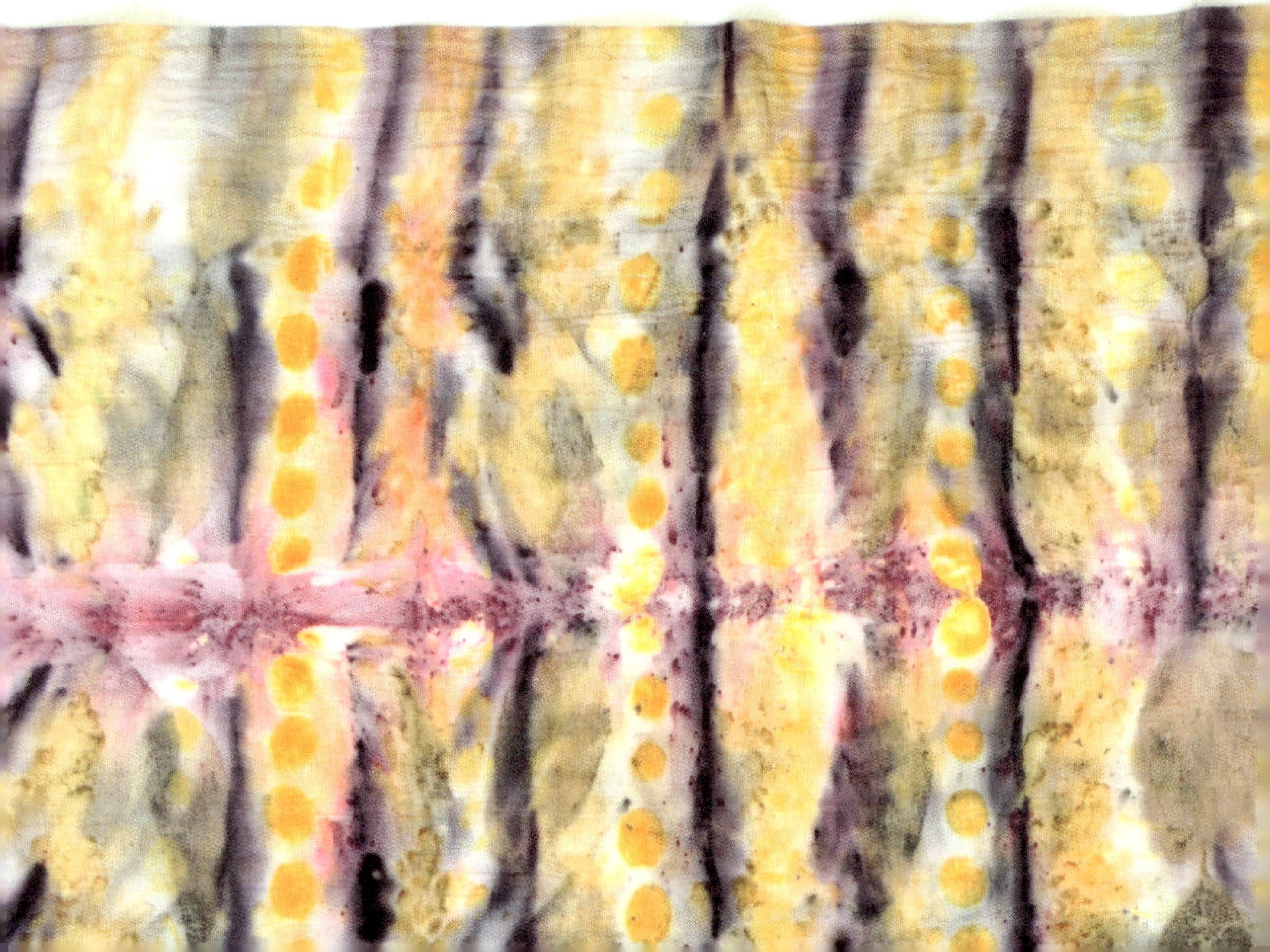

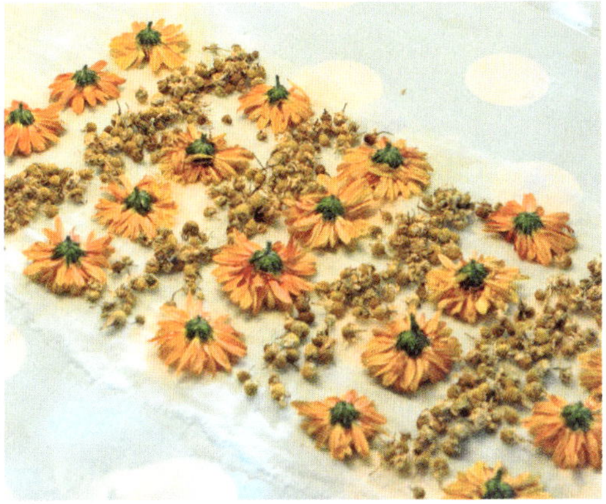

Asternblüten (frisch) und Kamilleblüten (getrocknet) im Wechsel auf Etamine de Laine (dünner Wollstoff) ausgelegt.

Fertiger Stoff

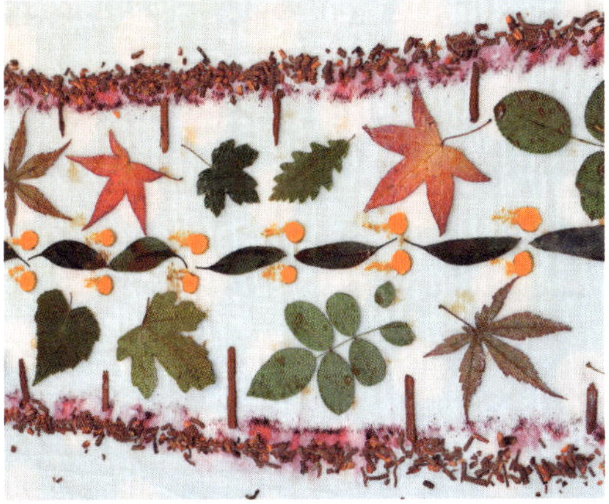

Pflanzenteile und Cochenille-Pulver mittig auf dem Stoff ausgebreitet. Die Seitenteile des Stoffes werden anschließend darübergelegt, sodass sie in der Mitte aufeinander treffen.

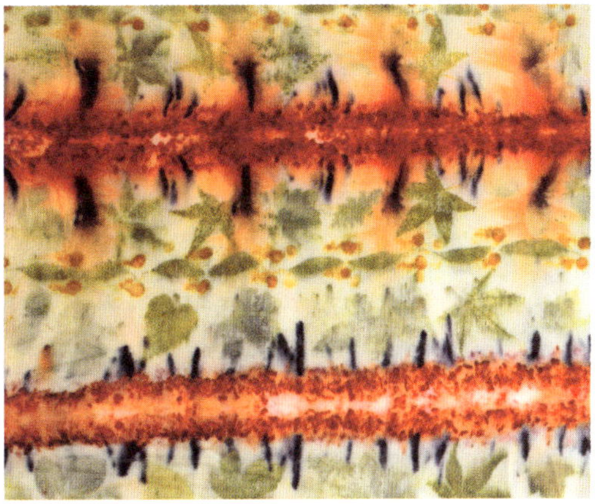

Fertiger Stoff, man erkennt ein doppeltes Spiegelbild. Hieraus habe ich später einen Kissenbezug genäht (siehe Seite 131).

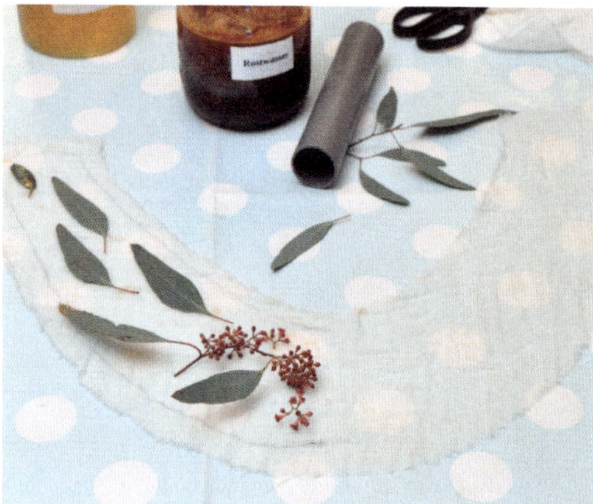

Die Hälfte der Passe wird mit Eukalyptusblättern und -blüten bestückt, dann die andere Stoffhälfte darübergelegt, so entsteht ein spiegelbildches Muster auf beiden Seiten.

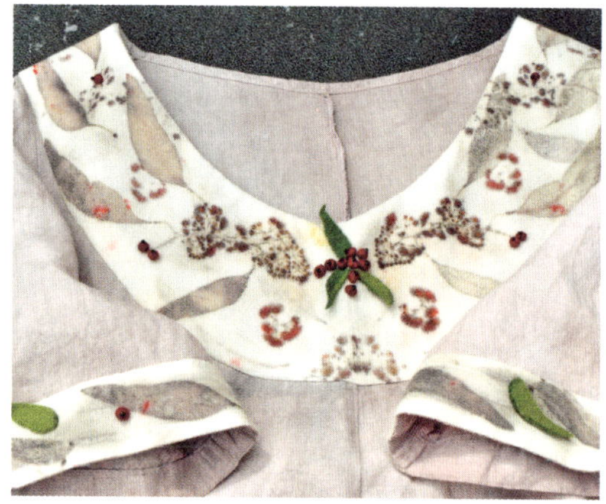

Fertige Passe (siehe hierzu auch Seite 106).

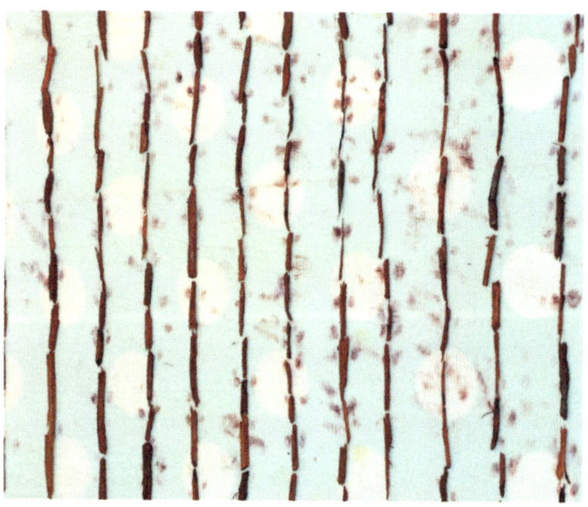

Blauholzstückchen und -späne werden streifenförmig auf der Stoffmitte verteilt und anschließend die Stoffseiten links und rechts darübergeklappt, sodass sie sich in der Mitte treffen.

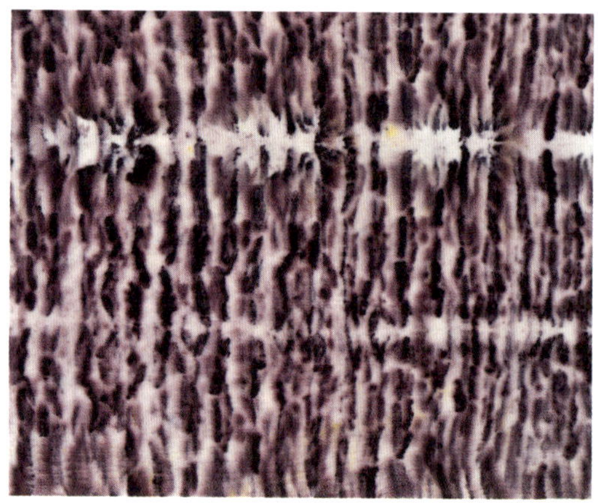

Fertiger Stoff mit doppeltem Spiegelbild. Ein schöner Stoff für ein Kissen o.Ä. (siehe Seite 131).

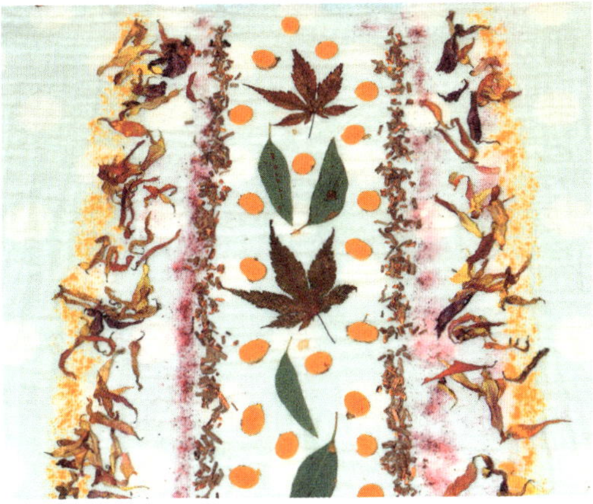

Dahlienblütenblätter (getrocknet), Krappwurzeln, Eukalyptus- und Ahornblätter sowie Kurkumascheibchen und -pulver und Cochenillepulver liegen mittig auf Etamine de Laine.

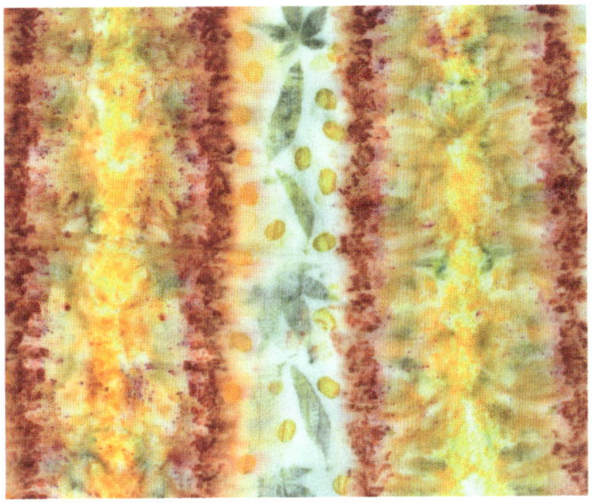

Fertiger Stoff mit doppeltem Spiegelbild.

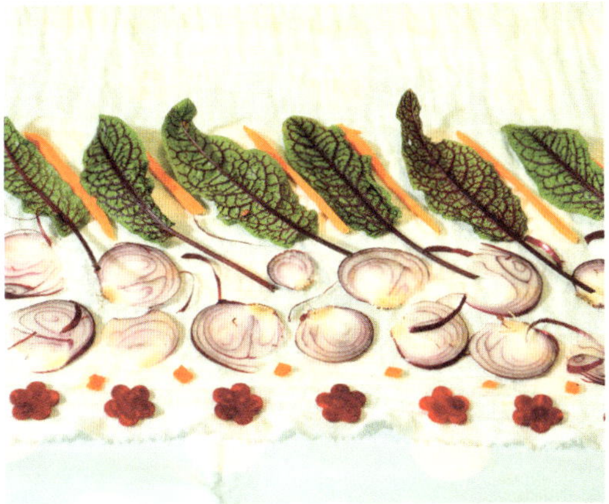

Eine Hälfte des Stoffes (die andere wird später darübegeklappt) wird mit Blutampferblättern, Kurkumastreifen und -würfeln, Zwiebelringen und ausgestochenen Rote-Bete-Formen belegt.

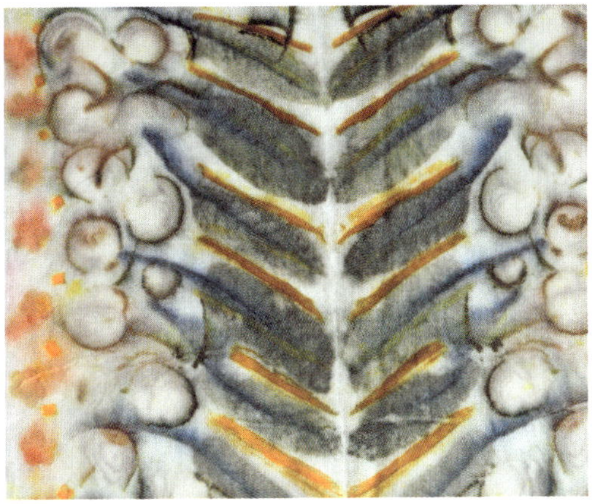

Ein musterstarker «Gemüsestoff» ist entstanden.

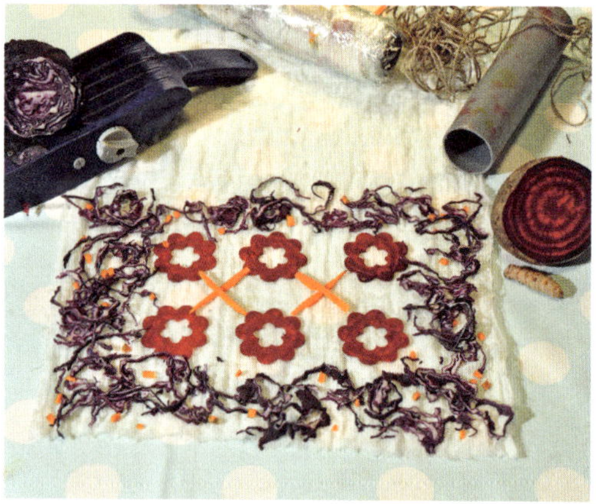

Rotkohl gehobelt, Rote-Bete-Formen und Kurkumastreifen auf Wollstoff. Leere Stoffseite darüberklappen.

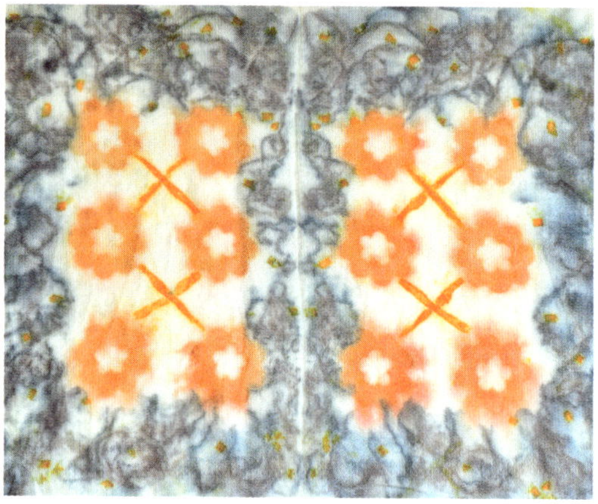

Der fertige Stoff weist ein schönes Muster auf, das zum Weiterverarbeiten einlädt.

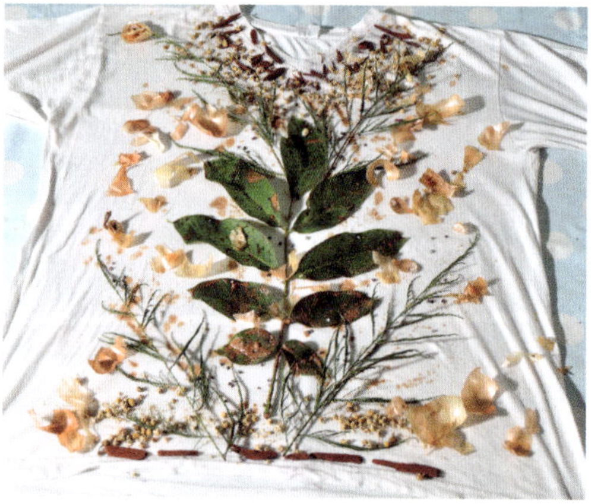

Baumwoll-T-Shirt nach Lust und Laune belegt.

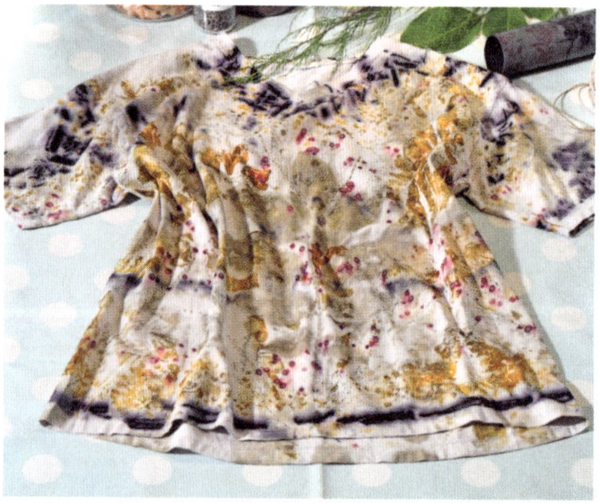

Fertiges T-Shirt; so lassen sich alte Kleidungsstücke wieder aufpeppen.

GELB IST NICHT GLEICH GELB

Es ist nicht immer ganz einfach, Farben, wie Pflanzen sie hervorbringen, zu beschreiben, denn in jeder Pflanzenfarbe schwingt immer, mal mehr mal weniger, der ganze Farbkreis mit. Daher wird eine Pflanzenfarbe immer sanft und warm wirken und im Verbund mit anderen harmonisch sein.
Wer häufig Pflanzenfarben anschaut, der möchte beispielsweise Gelb kaum nur als Gelb bezeichnen, sondern sieht strahlendes Gelb, eines mit Grau-, ein anderes mit Rotstich usw.
Die Farbpaletten der Pflanzen werden durch ihre Wachstumsbedingungen und Standorte bestimmt und können durch die Art des Beizens, Marinierens oder Modifizierens noch beeinflusst werden (Erklärungen ab Seite 96). Auch die Stoffart und Stoffqualität spielen eine Rolle (mehr hierzu im Folgekapitel).
So eröffnet sich ein großes Farbspektrum mit vielen feinen Zwischentönen und mit etwas Übung ein erweitertes, sensibleres Farberleben. Daneben erscheinen einem die Chemiefarben dann eher grell und kalt.

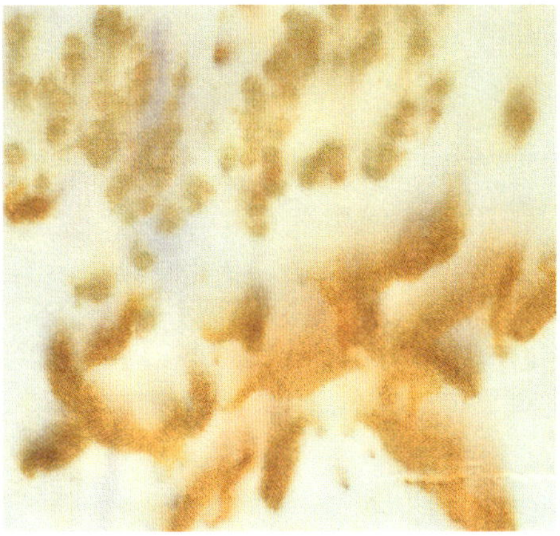

Oben gelbgrau-grünlich von Kamillenblüten, darunter orangegelb-bräunlich von Dahlienblüten

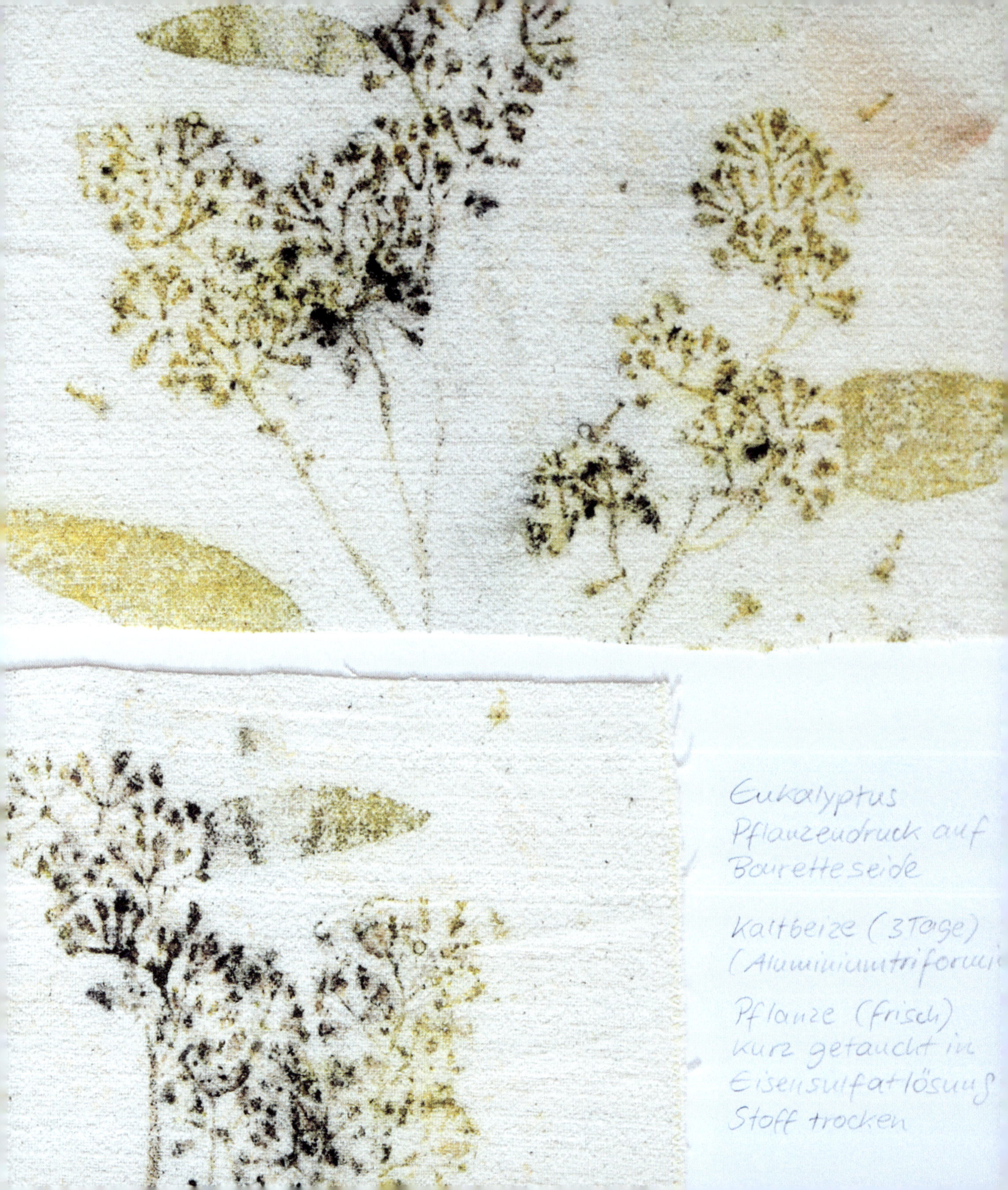
Eukalyptus
Pflanzendruck auf
Bourette seide
Kaltbeize (3Tage)
(Aluminiumtriformi
Pflanze (frisch)
kurz getaucht in
Eisensulfatlösung
Stoff trocken

WELCHE STOFFE EIGNEN SICH ZUM PFLANZENFÄRBEN?

Grundsätzlich eignen sich alle Naturfaserstoffe zum Färben mit Pflanzen. Proteinfasern wie Wolle und Seide nehmen die Farbpigmente jedoch sehr viel leichter und besser auf als Zellulosefasern wie z. B. Baumwolle und Leinen. Viskose und Viskosemischungen sind ebenfalls geeignet. Leinen verarbeite ich nicht, weil verhältnismäßig viel Beize, Farbstoff und Energie benötigt wird, um ein akzeptables Ergebnis zu erzielen.

Auf gleichmäßigen, glattgewebten Oberflächen kann man exaktere Drucke erzielen als auf kreppartigen oder noppigen Geweben.

Bei locker gewebten, dünnen Stoffen schlagen die Farben beim Einrollen durch, wobei sich schöne Schattierungen und Überlagerungen bilden. Ist das nicht erwünscht, deckt man den Stoff vor dem Einrollen mit Frischhaltefolie ab.

Mein bevorzugtes Material ist «Etamine de Laine», ein locker gewebter Wollstoff. Weitere gut geeignete Stoffe sind: Wollmousseline, Wolljersey, Wollfilz (hat oft einen hohen Synthetikanteil, was nachteilig ist; beim Kauf bitte nachfragen), Pongé-Seide 08, Bourretteseide, Seidenjersey, Seidensatin; desweiteren Baumwollstoffe wie Batist, Jersey, Nessel, Popeline. Auch gebrauchte Naturfaserstoffe sind geeignet, etwa schon getragene T-Shirts, Vorhangstoffe oder Bettwäsche aus Baumwolle, vorzugsweise weiß oder hell vorgefärbt. Die gebrauchten Stoffe haben den Vorteil, keine Appretur mehr zu enthalten und vom vielen Waschen schon etwas «mürbe» zu sein, was den Farbpigmenten gute Angriffsmöglichkeiten bietet.
Alle Stoffe müssen vor dem Beizen und Färben unbedingt in die Waschmaschine!

NUNO-FILZ

Bei diesem Stoff (siehe Seite 107 unten) handelt es sich um eine dünne, lockere Wollschicht, die mit einem Seidentuch abgedeckt wird. Beim anschließenden Handfilzen verbinden sich die beiden Materialien und es entsteht eine leicht blasige, seidigschimmernde Oberfläche.

GERÄTSCHAFTEN, UTENSILIEN, HILFSMITTEL

Die meisten Utensilien zum Pflanzenfärben finden sich im Haushalt oder lassen sich leicht besorgen.

WICHTIG

Alle Utensilien dürfen später nicht mehr mit Lebensmitteln in Kontakt kommen!

- Einen Emaille-Topf mit Deckel und siebartigem Einsatz. Mein Topf hat einen Durchmesser von 30 cm und ein Fassungsvermögen von ca. 15 Liter. Gut geeignet wäre z. B. ein ausrangierter emaillierter Einkochtopf bzw. Einwecktopf (Internet, Oma, Flohmarkt). Manche dieser Töpfe sind elektrisch, dann ist man auf keine Herdplatte angewiesen.
- Als Wickelkern Kunststoffrohre (PVC) zum Aufwickeln der Stoffe, z. B. Abschnitte von Abwasserrohren aus dem Baumarkt mit 4 bis 5 cm Durchmesser. Die Länge (20 bis 27 cm je nach Größe des Dämpf-Topfes) sägt man sich selbst passend zurecht. Kunststoffrohre sind mein bevorzugtes Utensil. Man kann auch dicke Rundhölzer sowie Eisen- oder Kupferrohre benutzen. Auch glatte, gerade Astabschnitte sind geeignet.
- Als Unterlage auf dem Arbeitstisch dient am besten ein Wachstuch, eine billige Kunststoffdecke tut es aber auch.
- Frischhaltefolie (kommt nach Gebrauch in die Wertstoffsammlung)
- Schnur, z. B. Paketband, nicht zu dick
- Mundschutz, Staubschutzmaske
- Gummihandschuhe
- Flache Schalen für die Marinaden
- Gläser mit Deckeln zum Aufbewahren des Beizpulvers, der getrockneten Pflanzen etc.
- Topflappen
- Holzlöffel/-stab zum Umrühren
- Brief- oder Haushaltswaage

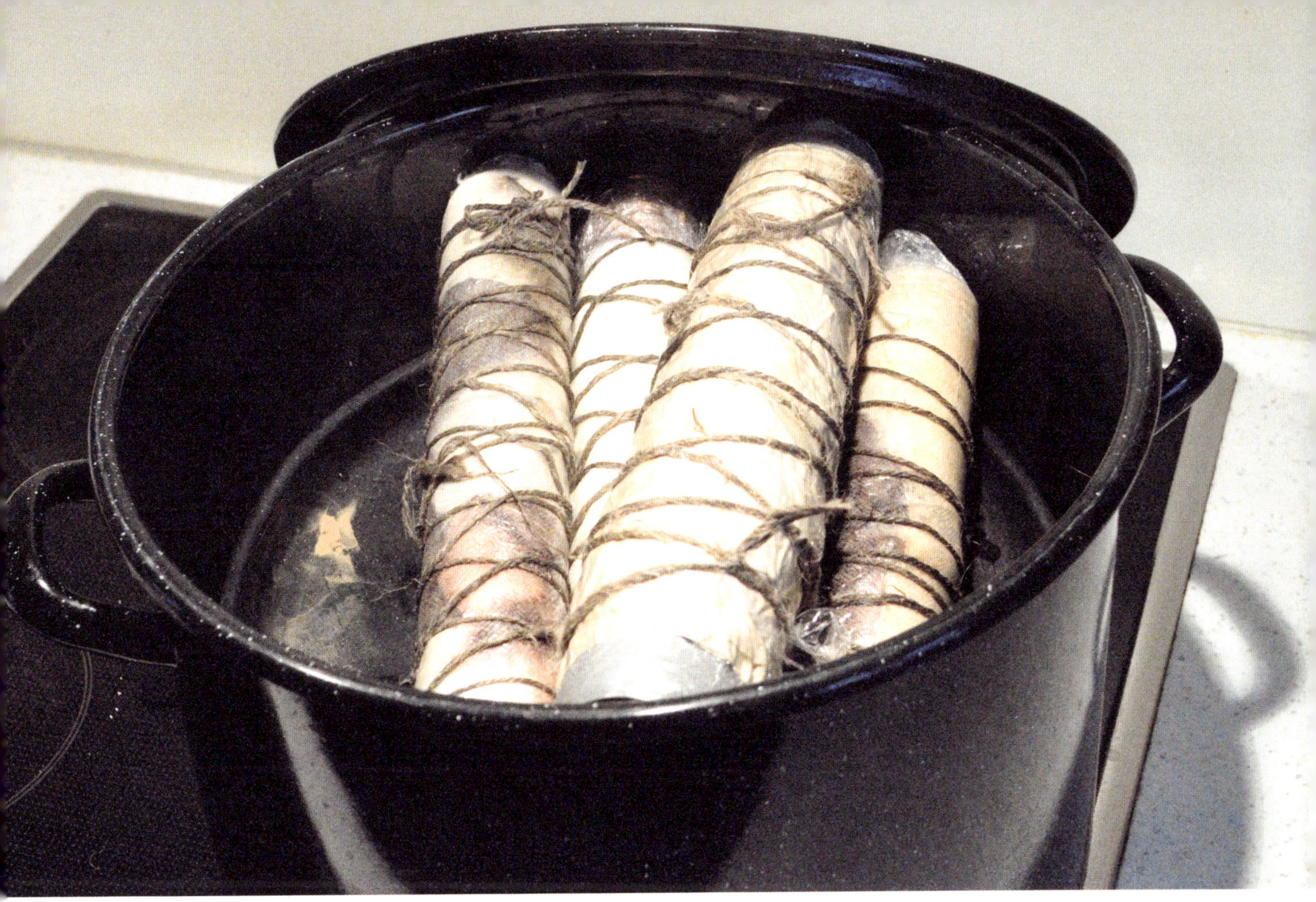

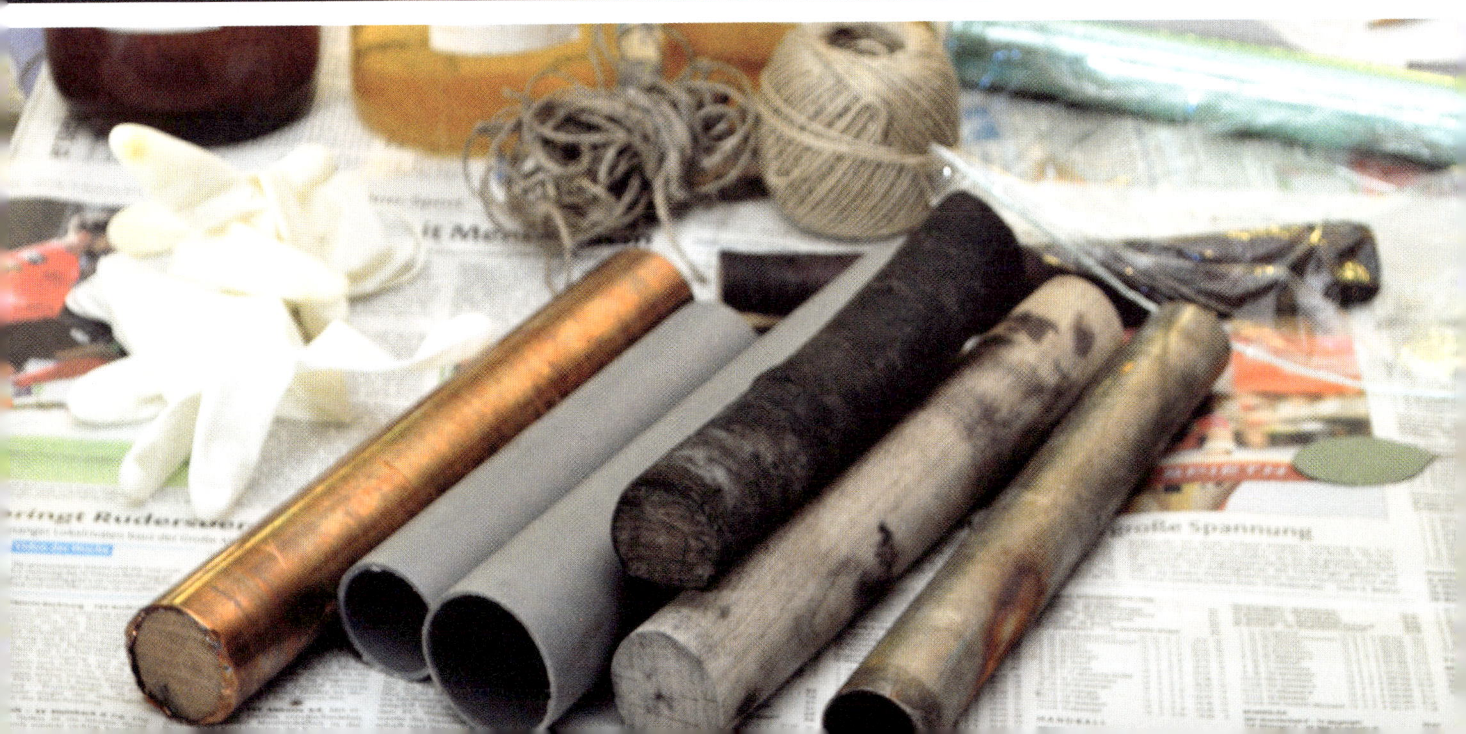

BEIZEN DER STOFFE

Vor dem eigentlichen Färbeprozess werden die Stoffe in der Regel gebeizt. Das Beizen ist ein chemischer Vorgang, der bewirkt, dass Fasern und Pflanzenfarbstoffe eine intensive Verbindung miteinander eingehen können. Das ist die Voraussetzung dafür, dass dauerhafte licht- und waschechte Färbungen mit zufriedenstellender Farbintensität entstehen. Nur einige wenige Pflanzen, z. B. grüne Walnussschalen oder Eichenrinde, enthalten so viel Gerbsäure, dass auf das Beizen verzichtet werden kann. Auch ungebeizte Stoffe nehmen durchaus Pflanzenfarben auf, sie sind erfahrungsgemäß aber weniger haltbar.

Beim traditionellen Beizen werden die vorgewaschenen Stoffe in noch feuchtem Zustand in das kalte Beizbad eingelegt und langsam zum Kochen gebracht. Im Beizbad befinden sich wasserlösliche Metallsalze, die während des späteren Färbeprozesses sozusagen als Mittler zwischen Fasern und Farbstoffen agieren. Dabei werden die Fasern aufgeschlossen und so für die Aufnahme der Farbpigmente vorbereitet. Die gebräuchlichsten Beizmittel hier im Überblick:

TONERDE-KALTBEIZE (ALUMINIUM-TRIFORMIAT) intensiviert und fixiert die Farbstoffe und ist mein bevorzugtes Beizmittel für Wolle, Seide und Baumwolle. Alle in diesem Buch gezeigten Stoffe wurden mit Tonerde-Kaltbeize behandelt.

ALAUN (ALUMINIUMSULFAT) intensiviert alle Farben.

EISEN (II)-SULFAT dunkelt die Farben stahlgrau, schwarz und dunkeloliv. Kommt in meiner Färbeküche sparsam zur Anwendung und wenn, dann nicht zum Beizen, sondern nur zum Modifizieren. Es gilt nicht als umweltschädlich, jedoch als gesundheitsgefährdend.

KUPFERSULFAT zieht Farbstoffe stark an, tönt besonders in Richtung Grün-, Oliv-, Brauntöne. Kommt in meiner Färbeküche nicht zur Anwendung.
WEINSTEINSÄURE zieht besonders Rot-, Rosa-, Lilatöne an. Beim Kontaktfärben benutze ich es nur zum Nuancieren, indem der Stoff nach der Kaltbeize und vor dem Auflegen der Pflanzenteile damit eingesprüht wird.
WEINSTEINRAHM vertieft die Farben (Rottöne) und lockert das Gewebe auf, wirkt ansonsten wie Weinsteinsäure.

In den letzten Jahren hat sich in der Pflanzenfärber- und Ecoprint-Szene mehr und mehr die Tonerde-Kaltbeize durchgesetzt, die durch Effizienz und gute Farbergebnisse überzeugt. Zudem ist sie umweltverträglich und faserschonend, u.a. weil nicht mehr gekocht werden muss. Das kommt verständlicherweise besonders den Woll- und Seidengeweben zugute.
Betrachtet man das Pflanzenfärben einmal ganzheitlich, angefangen beim Sammeln der Blätter und Blüten, was ja eine gewisse jahreszeitliche Naturbeobachtung beinhaltet, bis hin zur Freude an den schönen Drucken und Farben, die die Pflanzensäfte später auf den Stoffen hinterlassen, so schließt das für mich aus, umweltschädliche Beizmittel wie z.B. Kupfersulfat o.Ä. anzuwenden.
In meiner über 40-jährigen Pflanzenfärberpraxis kamen diese Mittel nicht zum Einsatz. Der Vollständigkeit halber sind sie hier aber mit aufgeführt.
Für den Hausgebrauch empfehle ich die oben schon erwähnte Kaltbeize.
Des Weiteren gibt es einige ebenfalls unbedenkliche Mittel zum Nuancieren und Modifizieren, die später noch beschrieben werden.

TONERDE-KALTBEIZE ANSETZEN UND ANWENDEN

- Kunststoffeimer mit Deckel, für den Hausgebrauch reicht ein Gefäß (5 Liter).
- Holzstab zum Umrühren
- Staubmaske und Gummihandschuhe.

Die Kaltbeize ist für alle Naturfasern geeignet und für die Umwelt unbedenklich. Allerdings ist das Pulver extrem fein und ätzend, daher sollte man beim Abwiegen und Hantieren damit einen Mundschutz und Gummihandschuhe benutzen. Wer ganz sicher gehen will, verwendet eine Schutzbrille, denn das Pulver darf auf keinen Fall in die Augen gelangen.
Man rechnet 20 g Kaltbeize-Pulver auf 1 Liter Wasser.
Das abgewogene Pulver in ca. 60°C warmem Wasser auflösen und rühren, bis die zunächst milchig-trübe Lösung klar ist. Dann mit kaltem Wasser die gewünschte, errechnete Menge auffüllen.
Den angefeuchteten Stoff eintauchen. Stets nur soviel Stoff hineingeben, dass er noch gut schwimmen kann und gut umspült wird. Die Beizdauer sollte mindestens 8 Stunden betragen. Ich belasse die Stoffe in der Regel 3 bis 8 Tage im Beizbad. Man kann das Beizgut ohne Bedenken auch mehrere Wochen in der Lösung belassen, das wirkt sich sogar positiv auf dic Farbqualität aus. Die Stoffe sollten jedoch von Zeit zu Zeit bewegt werden. Die Beizflüssigkeit kann wiederverwendet werden und wird, wenn nötig, nur nachgefüllt. Nach dem Beizen den Stoff gut ausdrücken, anschließend in der Waschmaschine kurz spülen und schleudern.
Dann kann man sofort loslegen: Den feuchten Stoff auf dem Wachstuch glatt ausbreiten und mit den Pflanzen belegen.

ANMERKUNG

Man kann auch auf Vorrat beizen. Die Stoffe dann nach dem Beizen und Spülen trocknen lassen und bis zur nächsten Färbeaktion aufbewahren. Damit nichts durcheinander gerät, die gebeizten Stoffe vorsichtshalber markieren.

BAUMWOLLE MIT SODA/ALAUN KÖCHELND BEIZEN

Obwohl sich für Baumwolle – und auch alle anderen Zellulosefasern – bestens die vorher beschriebene Kaltbeize eignet, möchte ich der Vollständigkeit halber die ebenfalls bewährte Soda/Alaun-Beize beschreiben.

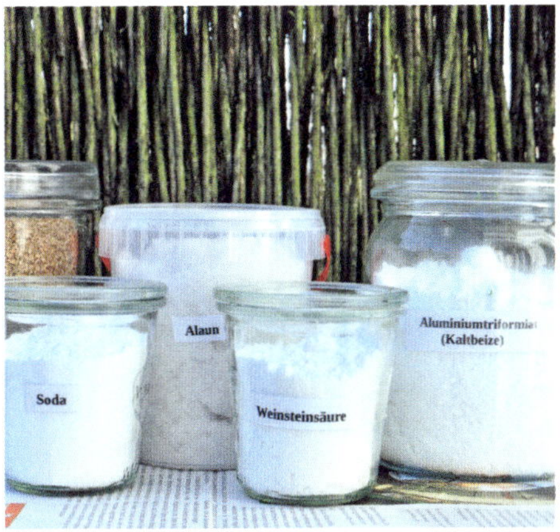

Beiz- und Hilfsmittel, vorzugsweise in beschrifteten Glasbehältern mit Deckel aufbewahren

- Färbetopf (das kann ein ausrangierter Kochtopf sein oder der große Topf, der auch zum Dämpfen benutzt wird)
- Holzstab/-löffel
- Man rechnet 30 g Alaun und 10 g Soda für 100 g Baumwollstoff

Soda und Alaun mit wenig kaltem Wasser im Topf auflösen, dann auffüllen, sodass der zuvor schon angefeuchtete Stoff gut umspült wird.
Zum Kochen bringen und ca. 60 Min. köcheln lassen, ab und zu umrühren.
Das Beizgut im Topf auskühlen lassen.
Der Stoff wird nach dem Beizen **nicht** gespült, nur geschleudert bzw. ausgewrungen.
Anschließend kann noch im Weizenkleiesud (siehe Beschreibung auf Seite 100) gespült werden.
Ich lagere die Stoffe noch 3 Tage feucht, bevor ich sie färbe.

WEIZENKLEIE ZUM SPÜLEN (KLÄREN) VON BAUMWOLLE

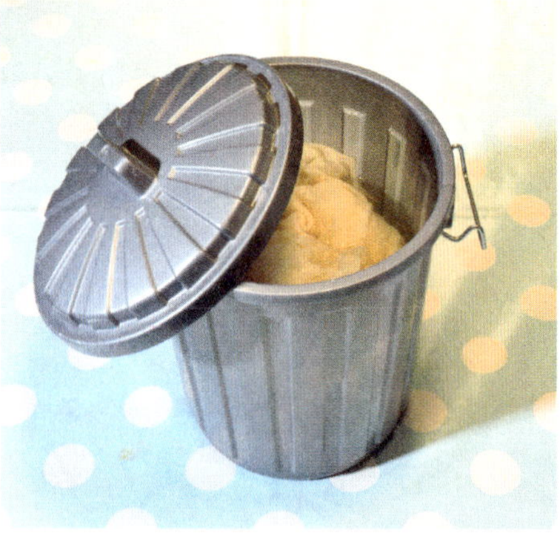

Kunststoffeimer mit Deckel für das Kaltbeizebad (siehe Seite 98).

Es ist zu empfehlen, Baumwollstoffe (auch Viskose- und Lyocell-Mischungen) nach dem Kaltbeizen in einem Weizenkleie-Bad zu spülen. Erfahrungsgemäß werden die Farben dadurch klarer und leuchtender.

Man rechnet ca. 10 g Weizenkleie für 100 g Stoff.

Die Weizenkleie in einen Stofflappen binden, in die Schüssel legen und mit heißem Wasser übergießen.

Den Beutel leicht kneten und ausdrücken, dann mit heißem Wasser auffüllen.

Den angefeuchteten Baumwollstoff in diesem Bad ca. 10 bis 15 Min. bewegen, dann auswringen und mit klarem Wasser spülen.

NUANCIEREN, MARINIEREN

Zum Nuancieren in die eine oder andere Farbrichtung kann man die gebeizten Stoffe kurz vor dem Verteilen der Pflanzen in verschiedene, nachfolgend beschriebene Lösungen eintauchen und ausdrücken oder sie damit besprühen.
Beim Marinieren, wie ich es nenne, werden die Blätter oder Pflanzenteile vor dem Auflegen in die entsprechende Lösung getunkt. Man kann die Pflanzen auch mehrere Stunden darin einlegen. Dadurch erreicht man sattere und auch haltbarere Farben und Drucke.

WICHTIG
Nuancieren und Marinieren ersetzen nicht das Beizen!

WEINSTEINSÄURE/-RAHM zieht Rotnuancen an.
ROSTWASSER vertieft den Druck, ergibt schöne Rosttöne.
OBSTESSIG intensiviert Rottöne und verbessert das «Milieu» besonders für Wollgewebe.
EISENSULFAT fixiert die Farbe, dunkelt stark.

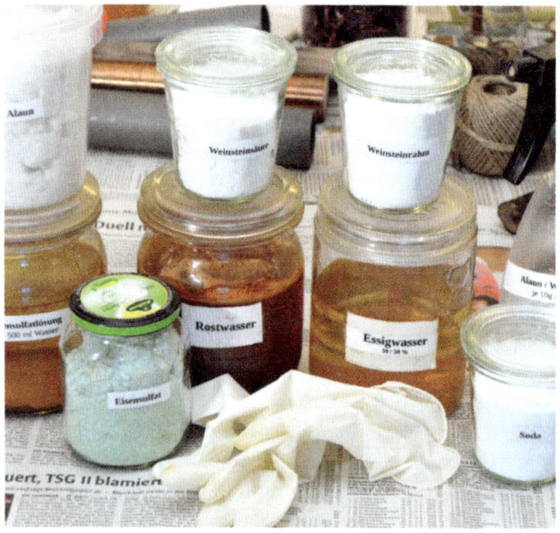

Angesetzte Lösungen zum Marinieren und Nuancieren sowie Beiz- und Hilfsmittel

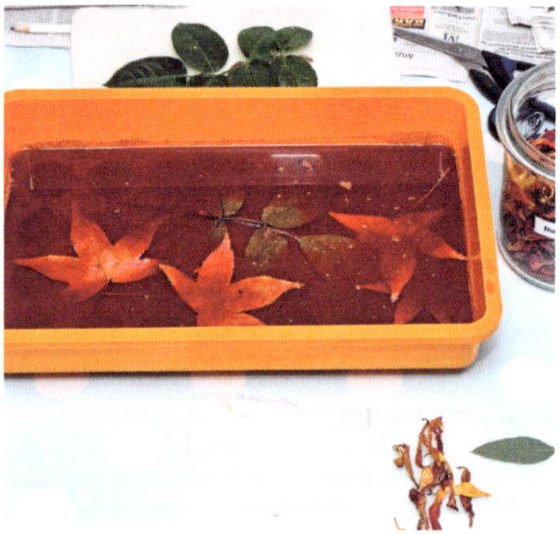

Flache Schale mit Rostwasser zum Eintauchen und Marinieren der Blätter

WEINSTEINSÄURE / WEINSTEINRAHM IN DER SPRÜHFLASCHE

20 g Weinsteinsäure in 500 ml warmem Wasser auflösen. In eine Sprühflasche (z. B. für Pflanzen) füllen. Den gebeizten, ausgebreiteten Stoff vor dem Auflegen der Pflanzenteile satt einsprühen. Zieht Rot-Nuancen an, allerdings sehr verhalten.

ROSTWASSER ANSETZEN

- 1 Glasgefäß mit Deckel, ca. 1 Liter
- 1 gute Handvoll Eisennägel oder Eisengegenstände (kein Stahl)
- 1 EL Meersalz
- 1 Schuss Obstessig
- Gummihandschuhe

Alle Zutaten in das Glas geben und mit Wasser auffüllen. Nach 1 bis 2 Wochen ist das Rostwasser soweit «gereift», dass man es verwenden kann. Hat man alte rostige Gegenstände zur Hand, geht es etwas schneller. Je länger das Rostwasser «reift», umso besser wird das Druckergebnis. Man kann immer wieder mit Wasser nachfüllen, muss dann aber auch Salz und Obstessig im richtigen Verhältnis zugeben. Mit der Zeit bildet sich oben eine Schaumschicht mit metallischem Glanz, die sich, ebenso wie das Rostwasser selbst, gut zum Benetzen der Blätter eignet. Vor der Anwendung immer gut umrühren.

MARINIEREN IM ROSTWASSER: Bevor die Pflanzenteile (Blätter, Blüten, Stängel etc.) auf den zuvor gebeizten Stoff gelegt werden, tunkt man sie kurz in das Rostwasser, sodass sie rundum benetzt sind (Gummihandschuhe!). Man kann sie auch mehrere Stunden oder sogar Tage marinieren, wenn man ein satteres Farbergebnis wünscht. Lässt man die Blätter gut abtropfen und platziert sie vorsichtig auf dem Stoff, erhält man ziemlich sicher einen sauberen Druck. Man kann sie aber auch tropfend und triefend und schwungvoll auflegen und bekommt dann ein entsprechend interessantes und «lebhaftes» Ergebnis mit Tröpfchen und Schlieren. Frische, noch elastische Pflanzenteile taucht man gleich in das Rostwasser-Glas. Hat man gepresste, getrocknete große Blätter, besteht die Gefahr, dass dabei die Spitzen abbrechen. Dann sollte man das Rostwasser lieber in eine flache Schale gießen.

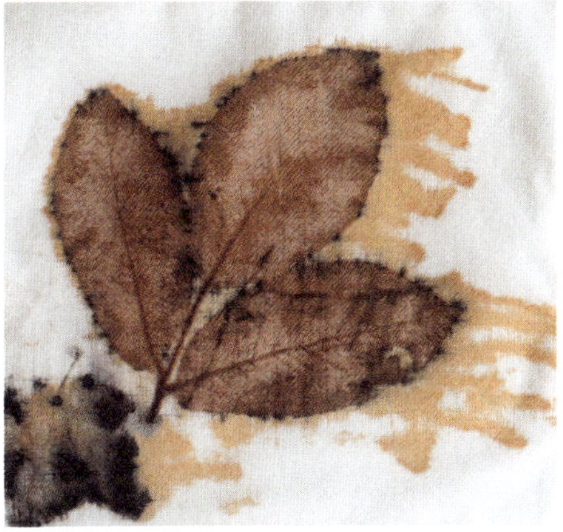

Fertiger Blattabdruck. Das Blatt wurde absichtlich mit Schwung aus dem Rostwasserbad geholt und aufgelegt, sodass das Rostwasser lebhafte Spuren hinterlassen konnte.

ESSIGWASSER ANMISCHEN

- 1 Glasgefäß mit Deckel, ca. 1 Liter
- ½ Liter Obstessig aus der Küche
- ½ Liter Leitungswasser

Wasser und Essig vermischen. Nach dem Beizen und bevor die Pflanzenteile aufgelegt werden, kann man den Stoff in Essigwasser ausdrücken. Der Essig schafft, besonders bei kalkhaltigem Wasser, ein «angenehmes Klima» für Wolle und auch Seide. Darüber hinaus werden rötliche Nuancen begünstigt. Kleine Stoffstücke kann man gleich im Glas ausdrücken, für größere benötigt man eine Plastikschale und entsprechend mehr Essigwasser.

EISENSULFATLÖSUNG

Man benötigt ein Glasgefäß mit Deckel (z.B. Weckglas), Staubmaske, Schutzbrille und Gummihandschuhe. Zum Anrühren der Lösung rechnet man 10 g Eisensulfat-Pulver auf 250 ml Wasser. Es reicht, die Blätter etc. nur kurz in die Lösung zu tauchen, bevor man sie auf den gebeizten Stoff legt (Gummihandschuhe!). Das Ergebnis sind dunkel-olivgrüne bis stahlgraue Farbtöne.

AUSLEGEN, FALTEN, EINROLLEN, VERSCHNÜREN

Vom vorgebeizten, getrockneten Stoff zunächst das gewünschte Stück abschneiden. Dabei muss man sich nach der Länge des Kunstoffrohres (Wickelkern) richten. Ein einlagiges Stoffstück z.B. darf nicht oder nur wenig seitlich über den Wickelkern hinausragen.
Möchte man spiegelbildlich arbeiten, die eine Stoffseite also mittig über die andere mit Pflanzen belegte klappen, kann der Stoff natürlich die doppelte Breite des Rohrstückes haben.
Auch der Länge der Stoffbahn sind Grenzen gesetzt. Meterware können wir nicht produzieren. Ist nämlich zu viel Stoff auf der Rolle, ist ein durchgehend guter Kontakt zwischen Stoff und Pflanze nicht mehr gewährleistet. Ich richte mich ganz einfach nach der Länge meines Tisches (1,80 m) und bemesse meine Stoffe nicht länger als 1,50 m. Damit habe ich gute Erfahrungen gemacht.
Wenn man mehrere gleiche Stoffbahnen haben möchte, fertigt man Notizen an (Beize, Dämpfdauer etc.) und macht ein Foto vom Auslegen der Pflanzenteile auf dem ersten Stoff, so hat man eine gute Vorlage für die folgenden Stoffbahnen. Sie werden sich natürlich alle ein wenig voneinander unterscheiden, was aber gerade auch den Reiz ausmachen kann.
Als Nächstes schaut man, dass alle Pflanzenteile, die verwendet werden sollen, griffbereit liegen, ebenso die Gefäße mit den Lösungen zum Marinieren bzw. Eintauchen, außerdem die Utensilien wie Bindfaden, Wickelkern, also Rohrabschnitt oder Rundholz, evtl. Frischhaltefolie, Schere etc.
Auf den mit einer Wachstuchdecke o.Ä. abgedeckten Tisch nun den angefeuchteten Stoff glatt ausbreiten. Überlegen, ob und wie er gefaltet werden soll, und die Blätter, Blüten, Stängel usw. entsprechend verteilen: z.B. nur auf einer Hälfte, nur in der Mitte etc. Beim Spiegelbild die Pflanzen immer sehr nah an den Falz legen, sonst entsteht hier zu viel freie Fläche. Ansonsten verteilt man alles nach Lust und Laune, etwa als Streumuster, in Wellenform oder in Reih und Glied. Werden Holzstückchen (z.B. Blauholzspäne) oder kleine harte Zweige verwendet, legt man sie möglichst parallel zum Wickelkern, ansonsten blockieren sie beim Einrollen und beschädigen den Stoff. Blätter können abwechselnd mit

der Ober- und Unterseite aufgelegt werden, damit ein ausgewogenes Druckbild entsteht. Zwei Faltmöglichkeiten zeigen die Skizzen rechts und die folgenden Fotos ab Seite 106.
Zum Schluss wird das Ganze mit Haushaltsfolie oder gebrauchten Plastiktüten (sie können mehrfach verwendet werden) abgedeckt. So vermeidet man, besonders bei dünnen Stoffen, das Durchschlagen des Drucks. Wünscht man hingegen gerade diesen Effekt, wird auf die Folie verzichtet. Den Stoff sorgfältig und glatt auf den Kern wickeln. Am besten bittet man einen Helfer, das Ende der Bahn festzuhalten, damit Pflanzenteile und Stoff einen engen Kontakt beim Aufrollen bekommen. Ist die Rolle vollständig bewickelt, kann man noch eine Lage Frischhaltefolie fest darum schlagen. Dadurch wird alles gut fixiert und man vermeidet, dass die verschiedenen Rollen später im Dämpfbad aufeinander abfärben.
Zum Schluss die Rolle mit Bindfaden verschnüren. Wird sehr fest und mit dünnem Faden geschnürt, so können sich entsprechende Linien auf den Stoff übertragen. Diese durchaus reizvolle zusätzliche Gestaltungsmöglichkeit kann man ganz bewusst einbauen. Ist das nicht gewollt, umwickelt man die Rolle mit breiten Stoffstreifen, die sich dann weniger einschnüren.

TIPP

Den mit den Pflanzenteilen belegten Stoff mit einem zweiten Stoff von anderer Qualität (z. B. Baumwollstoff auf Wollstoff) abdecken. So kann man herausfinden, wie sich der Druck auf verschiedenen Fasern verhält.

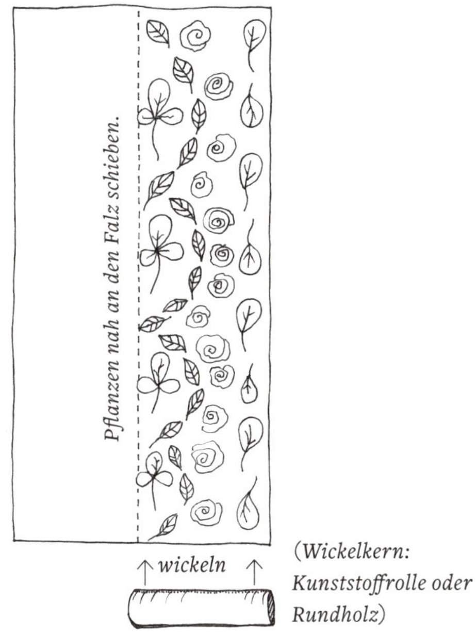

Eine Stoffseite wird belegt, die andere mittig darübergeklappt.

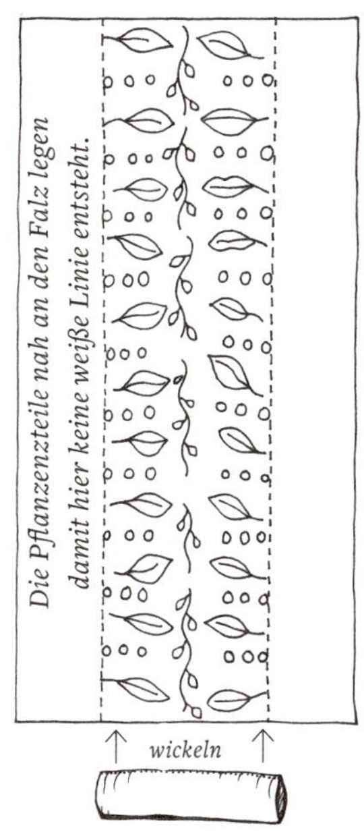

Die Stoffmitte wird belegt und die Seiten darüber geklappt. Dort, wo sie aufeinandertreffen, dürfen sie sich ggf. um einige Zentimeter überlappen.

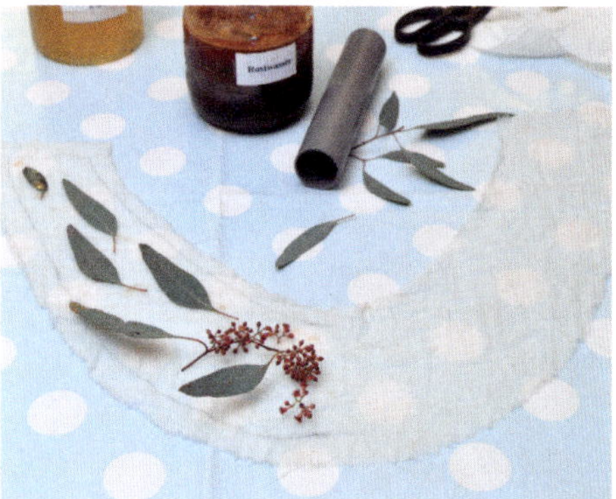

Eine fertig zugeschnittene Kleiderpasse aus Wollstoff wird, der Rundung folgend, zur Hälfte belegt …

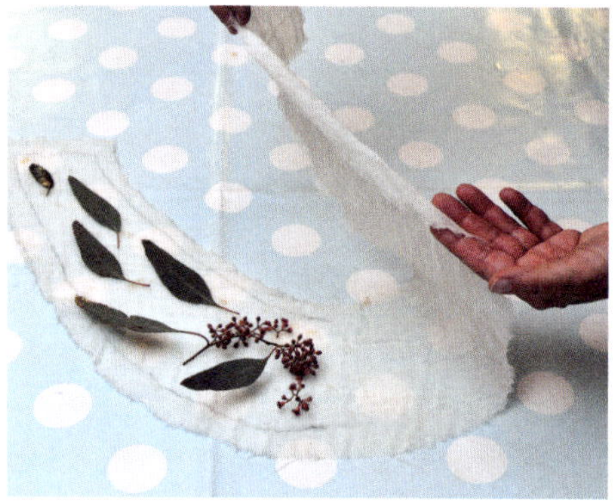

… die andere, freie Hälfte kommt darüber.

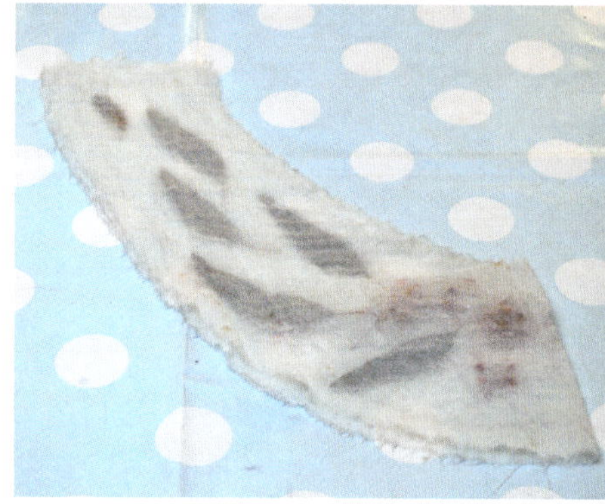

Fertig zum Einrollen.

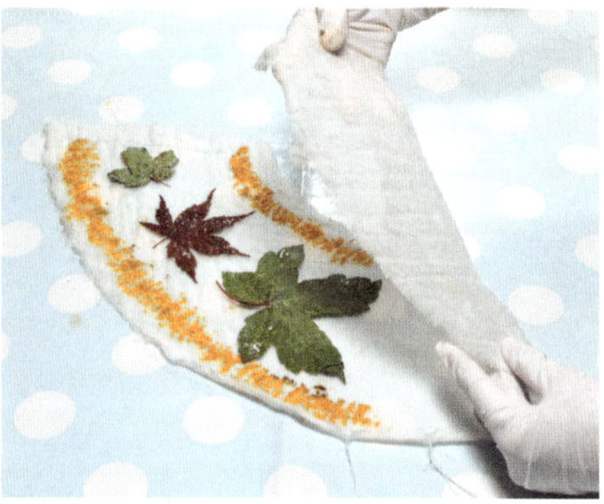

Zugeschnittener Mantel für einen Lampenschirm, zur Hälfte mit Blättern bestückt, der Rundung folgend.

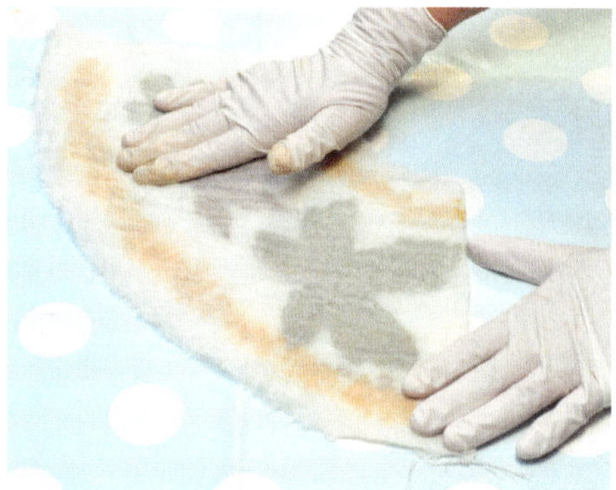

Die andere Hälfte glatt darüberlegen.

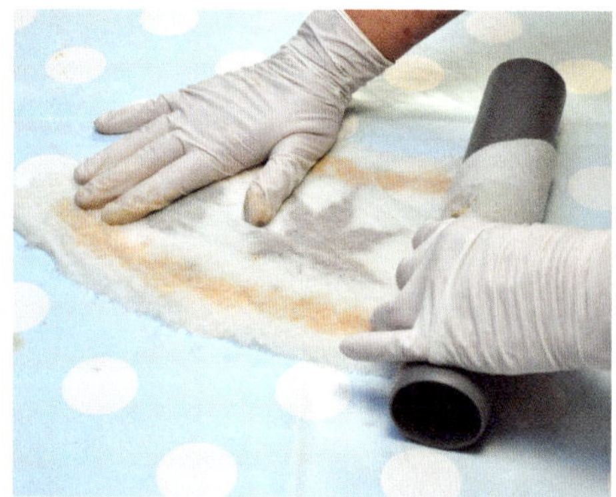

Einrollen, verschnüren und anschließend im Wasserbad dämpfen.

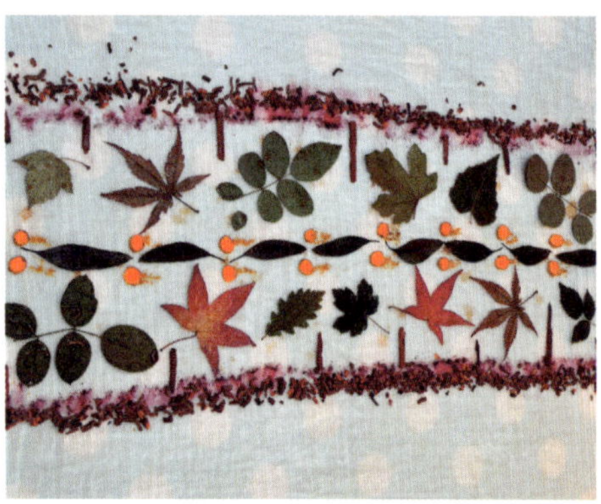

Mittig belegter Stoff (ca. ¼ Seite frei, ½ Mitte belegt, ¼ Seite frei).

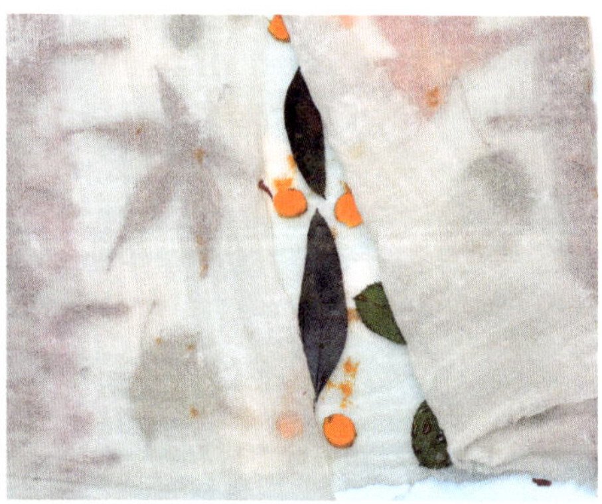

Die beiden freien Seiten darüberlegen, in der Mitte dürfen sie sich etwas überlappen. Der Stoff entspricht im gefalteten Zustand der Länge des Wickelkerns.

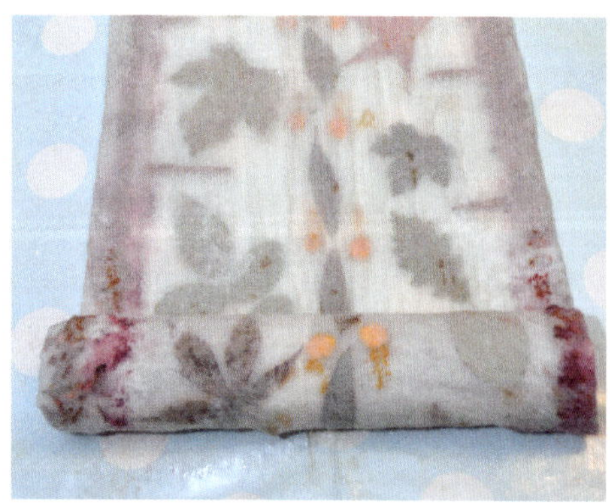

Jetzt wird fest aufgerollt und mit einer Lage Frischhaltefolie umwickelt, anschließend mit Bindfaden verschnürt.

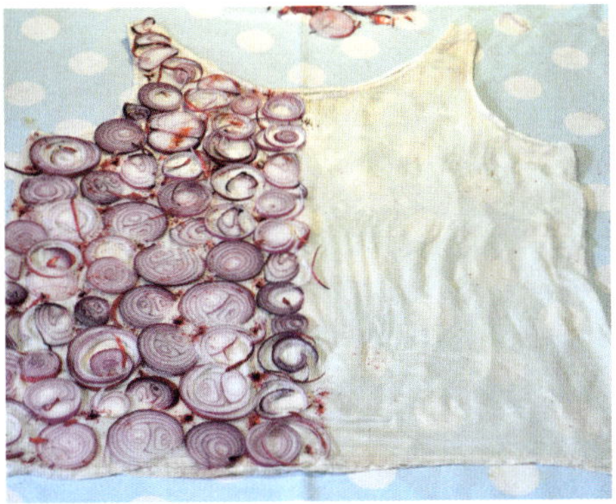

Eine Hälfte des Seidentops wird mit Zwiebelringen dicht an dicht belegt, in die Zwischenräume kann man sparsam Cochenillepulver streuen.

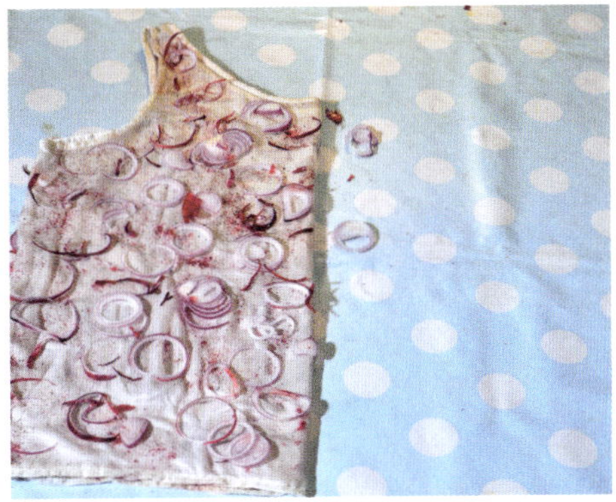

Die andere Hälfte des Tops darüberlegen und bestücken wie zuvor. Nun kann aufgerollt werden.

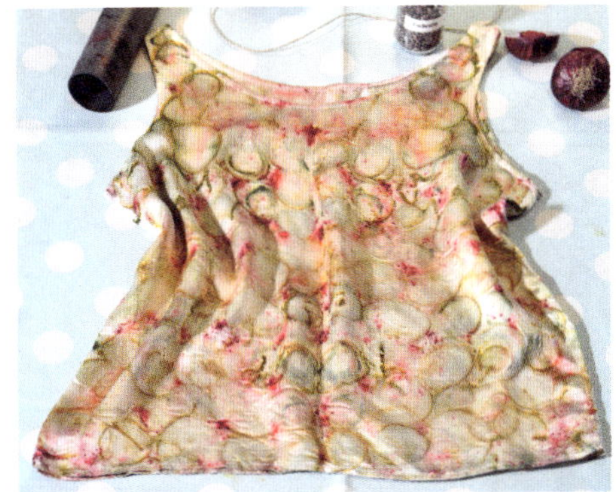

Nach dem Färben kann man sich am Ergebnis erfreuen.

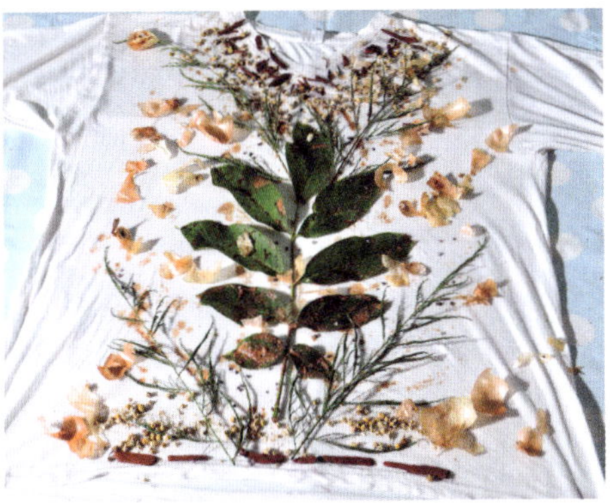

Die Vorderseite des T-Shirts nach Wunsch belegen, hier sind u.a. gelbe Zwiebelschalen und Tamariskenzweige verwendet worden.

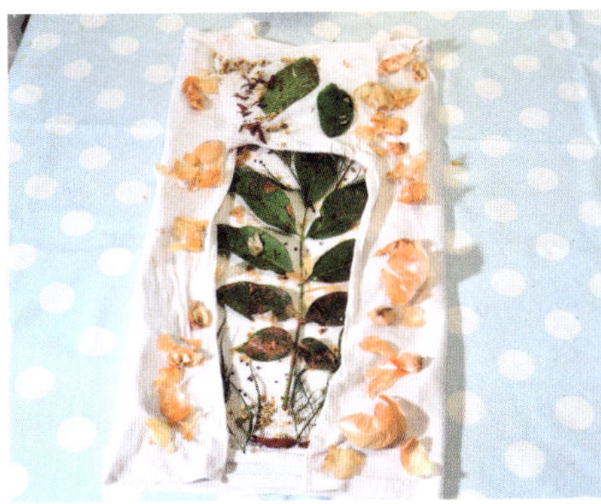

Die Seiten ein Stück zur Mitte falten, sodass die Ärmel übereinanderliegen. Die umgeklappten Bereiche ebenfalls belegen.

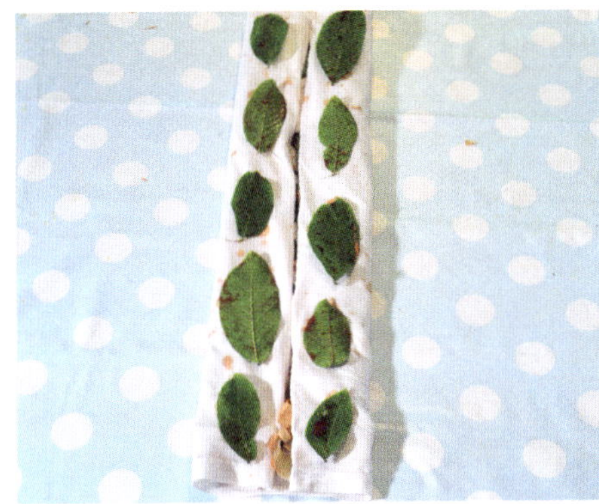

Die Seiten noch einmal zur Mitte falten, sodass sie aneinanderstoßen und auf Wunsch weitere Blätter auflegen.

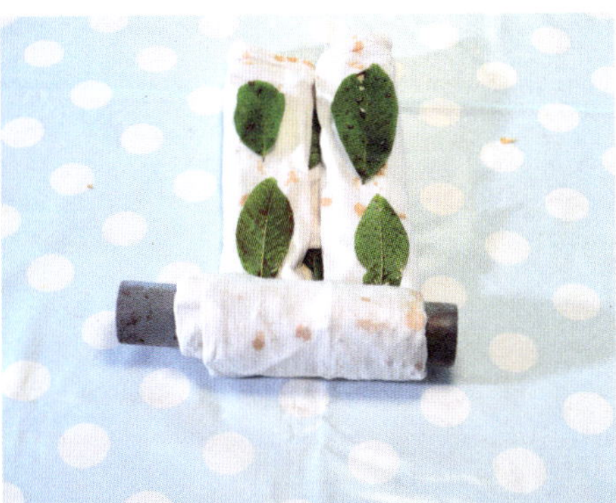

Nun fest einrollen, mit Folie umwickeln, verschnüren und ab ins Dämpfbad.

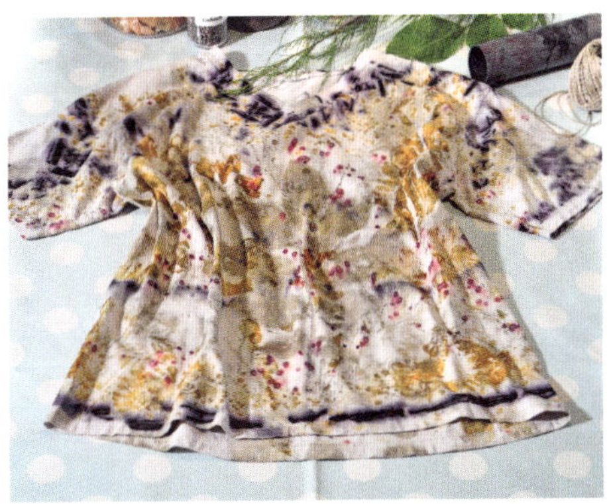

Nach dem Färben offenbart sich die Farb- und Mustervielfalt.

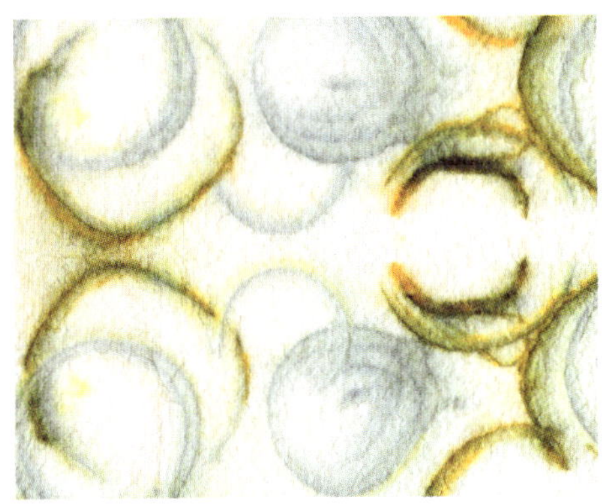

Nuno-Filz (siehe auch Seite 93)

DÄMPFEN, AUSWICKELN, NACHBEHANDLUNG, PFLEGE

Das Dämpfen geschieht in einem wie auf Seite 94 beschriebenen großen Einmachtopf. Der Wasserstand sollte 8 bis 10 cm betragen. Die Stoffrollen dürfen keinen Kontakt zum Wasser haben! Das verhindert der Einsatz (Einlegerost). Bei meinem einfachen Topfmodell behelfe ich mich z. B. mit zwei kleinen Blumentöpfen aus Ton. Ich stelle sie verkehrt herum auf den Topfboden und lege dann den Rost darauf.
Die Stoffrollen dürfen hochkant (bei großen Töpfen) oder schräg stehen oder auch liegen. Wichtig ist, dass sie gut vom Dampf eingehüllt werden. Aus ökonomischen Gründen werden mehrere Rollen gleichzeitig gedämpft. Die längeren kommen in die Mitte, links und rechts ist dann noch Platz für zwei oder mehr kürzere.
Der Dämpfvorgang beginnt, wenn die Rollen vom Wasserdampf umhüllt sind. Er sollte ab dann ca. 90 Minuten betragen. Unbedingt den Deckel auflegen. Danach die Rollen im geschlossenen Topf auskühlen lassen.

Am nächsten Tag, oder auch erst nach zwei Tagen werden sie ausgewickelt, auch wenn Ungeduld und Spannung steigen ...
Die Pflanzenteile vom Stoff abschütteln und abziehen. Den Stoff – ungespült – auf der Leine im Schatten trocknen lassen.
Danach mit Feinwaschmittel bei 30° C waschen und gut spülen, das kann auch in der Waschmaschine geschehen.
Wiederum trocknen und dann bügeln.
Pflanzenfarben haben nicht die Licht- und Waschechtheit wie Industriefarben. Daher wäscht man die Stoffe nicht häufiger als unbedingt nötig und man lässt sie im Schatten trocknen. Am Schonendsten ist natürlich Handwäsche mit Olivenölseife wie Alepposeife oder Savon de Marseille.

Oben: Der Dämpfvorgang beginnt, wenn die Rollen vom heißen Dampf umhüllt werden und sollte ca. 90 Min. betragen.

Unten: Ein spannender Augenblick: Die fertig gedämpfte, erkaltete Rolle wird aufgewickelt.

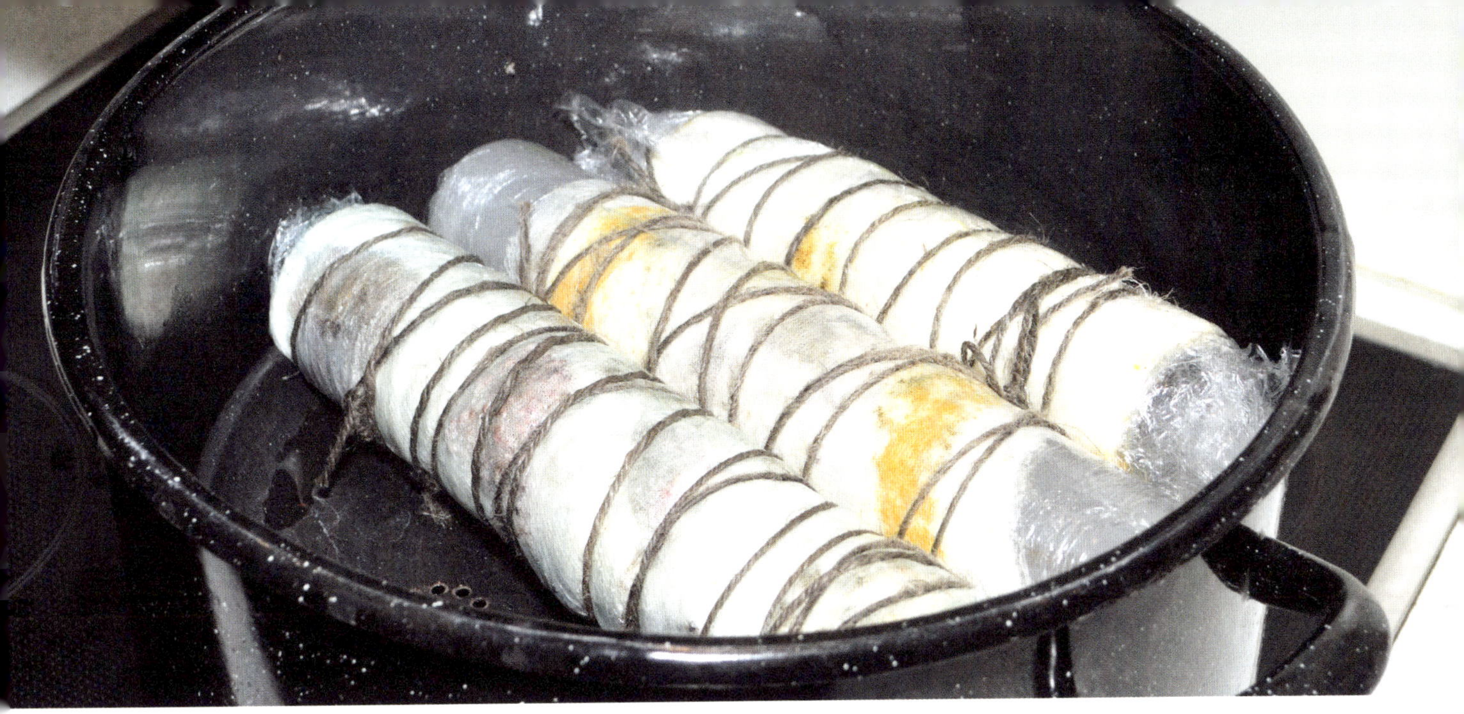

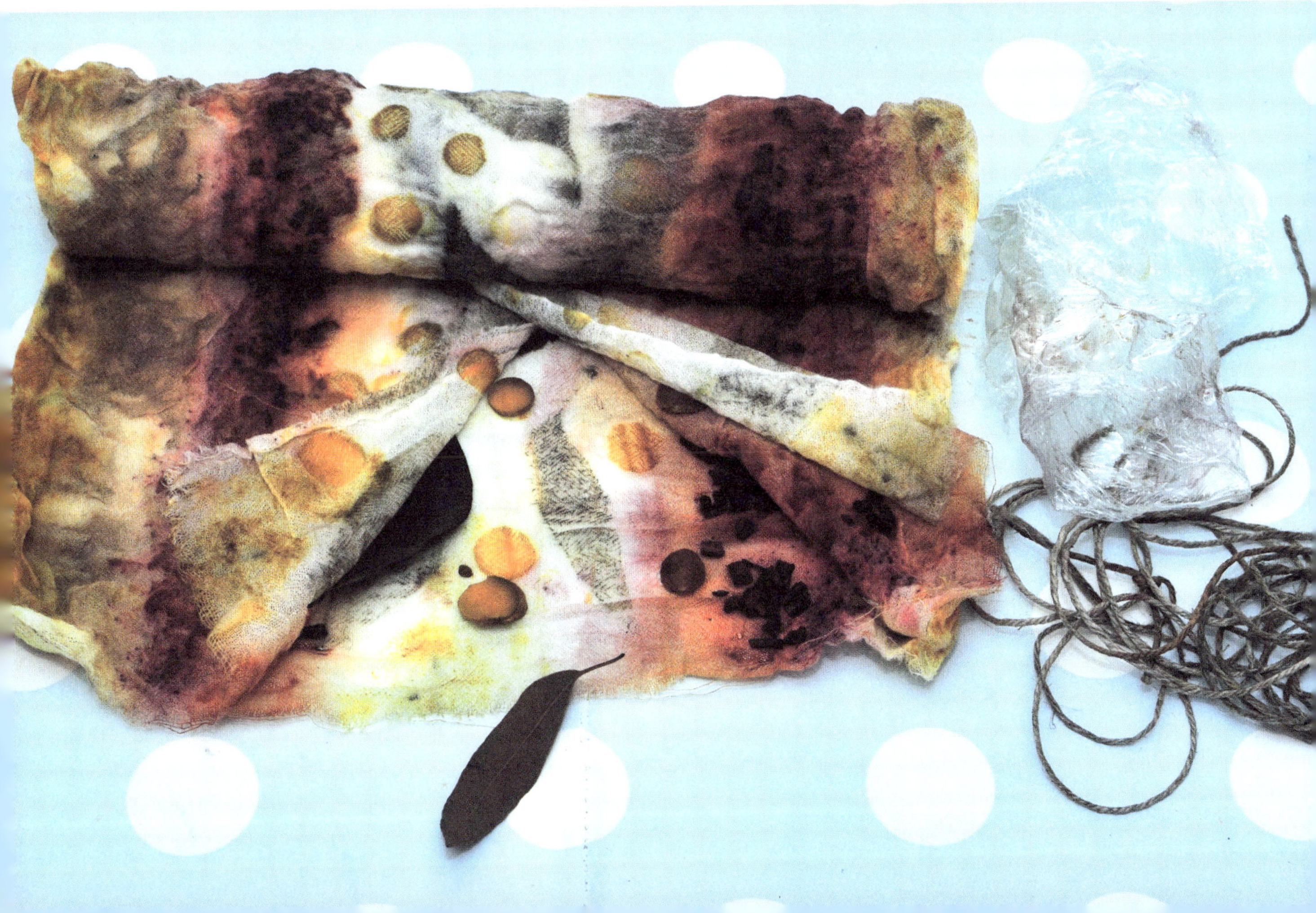

FÄRBEN IM FARBSUD, ECOPRINT-RESERVEVERFAHREN

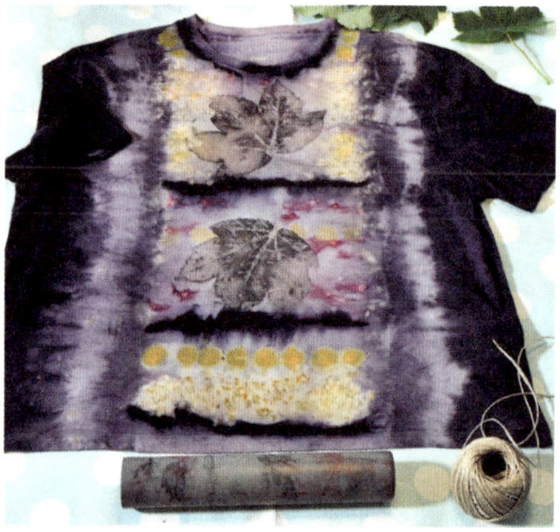

Hier ist gut zu erkennen, dass die Breite des Musters mitten auf dem T-Shirt der Länge des Wickelkerns entspricht (Blauholzfärbebad).

Bei dieser Variation (Reserveverfahren) wird die Stoffmitte etwa über die Breite des Rohrabschnitts ganz wie gehabt mit den Pflanzenteilen belegt. Anders als bisher lässt man den Stoff links und rechts vom Wickelkern deutlich überlappen. Nur die Mitte wird mit Schnur fixiert. Dann kommt die ganze Rolle komplett ins Färbebad. Dazu kann man den gleichen Topf wie beim Dämpfen benutzen, muss aber evtl. den Siebeinsatz entfernen bzw. auf den Boden legen. Bei dieser Methode werden die überhängenden Stoffseiten dann einfach durchgefärbt. Die Farbe kriecht und fließt unregelmäßig, mal mehr mal weniger, zu der abgebundenen Mitte, was eine schöne Wirkung ergibt.

TIPP

Damit die abgebundene (reservierte) Mitte nicht von außen mit dem Farbsud in Kontakt kommt, schlägt man vor dem Abbinden eine Lage Frischhaltefolie fest darum.

FÄRBEBAD AUS ZWIEBELSCHALEN (ORANGEGELB)

Zwiebelschalen in den Färbetopf geben und mit kaltem Wasser bedecken. Je mehr Zwiebelschalen verwendet werden, umso intensiver wird die Farbe.

Die Stoffrolle bzw. das Stoffbündel hineinlegen und ggf. noch etwas Wasser nachfüllen, damit auch sie gut bedeckt ist.
Alles zum Kochen bringen und ca. 60 Minuten köchelnd färben.
Im Farbbad auskühlen lassen.

FÄRBEBAD AUS BLAUHOLZSPÄNEN (BROMBEER-DUNKEL)

Die Blauholzspäne, etwa eine kleine Handvoll, in ein Tuch einbinden und über Nacht einweichen, dies kann schon im Färbetopf geschehen.
Dann mit kaltem Wasser auffüllen bis die Stoffrolle gut bedeckt ist. Der Farbbeutel verbleibt während des Färbeprozesses im Topf. Alles Weitere wie zuvor bei «Zwiebelschalen» beschrieben.

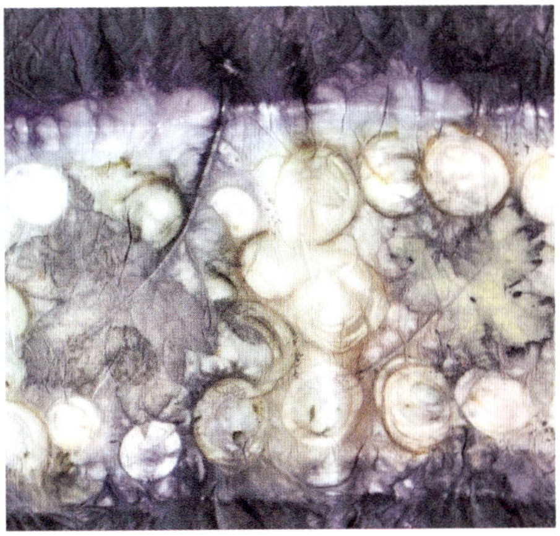

Bei diesem Seidentuch wurde ebenfalls nur die Mitte (Wickelkernlänge) mit Zwiebelringen belegt und abgebunden. Die Seiten lagen frei im Blauholzsud.

FÄRBEBAD MIT KRAPPWURZEL (ORANGEROT)

Hierbei wird genauso vorgegangen, wie bei Blauholzspänen beschrieben, allerdings darf das Bad nicht zum Kochen gebracht werden. Das Ganze bei ca. 70° C ziehen lassen, ansonsten lösen sich die Braun-Anteile aus den Krapp-Wurzeln und wir bekommen kein klares Rot.

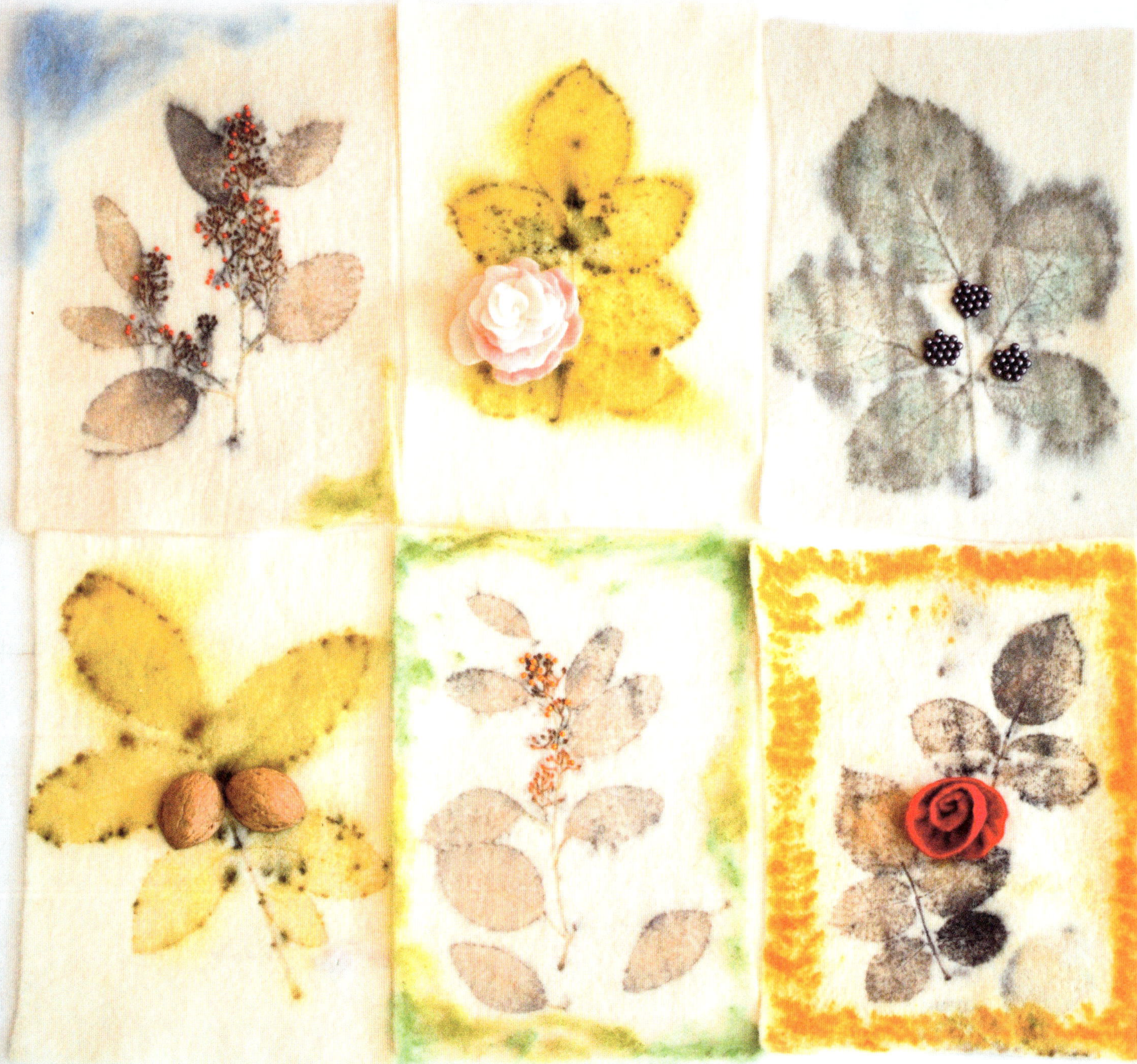

PFLANZENDRUCK MIT KINDERN

Kinder sind vom Pflanzendrucken meistens recht angetan. Es beginnt ja mit dem Suchen, Sammeln und Bestimmen geeigneter Blätter und Pflanzenteile draußen in der Natur; das allein kann schon sehr spannend sein. Hilfreich dabei sind ein Pflanzenbestimmungsbüchlein für unterwegs oder eine Pflanzen-App, damit man auch Giftpflanzen und geschützte Pflanzen erkennen kann. Einen Teil der «Ernte» kann man für später pressen und trocknen, der andere Teil wird frisch verwendet. Die Kinder sollen / wollen selbst bestimmen, welche Pflanzen sie auswählen. Dennoch sollten einige verlässliche Färbepflanzen mit auf den Stoff kommen, einfach um ihnen ein Erfolgserlebnis zu garantieren, z.B. Ahorn-, Brombeer-, Eukalyptus-, Walnussblätter und Rosenranken. Ein paar Krümelchen Kurkuma oder Cochenille dazugestreut verhelfen zu mehr Farbigkeit. Im Vorfeld sollten die Stoffe für mindestens 8 Stunden in der Kaltbeize gelegen haben. Ein Weckglas mit Rostwasser sollte ebenfalls bereit stehen. Wenn man mit Kindern arbeitet, verbietet es sich von selbst, mit Eisensulfat zu hantieren. Für schöne Ecoprint-Bilder eignen sich sehr gut Wollfilz-Plättchen (Läppchen), auch weil sie ein überschaubares Format haben. Sie sollten unbedingt aus 100 % Wolle bestehen. Man bekommt sie fertig zugeschnitten im Fachhandel (30 x 20 cm). Sind dann die Blätter etc. aufgelegt, deckt man das Filzplättchen mit Haushaltsfolie ab und wickelt es ganz fest auf das Kunststoffrohr. Zum Schluss noch einmal Folie stramm darum wickeln, so ist alles gut fixiert. Wer möchte, kann die Rolle zusätzlich mit Schnur umwickeln. Später können die Drucke ganz nach Wunsch noch weiter ausgestaltet werden, indem man sie z.B. mit Perlen bestickt, Märchenwolle auflegt und aufnadelt, Filzblumen appliziert und/oder mit Buntstiften hier und da schraffiert.

Links: Diese Ecoprints auf Filzplättchen wurden von Kindern gemacht und zum Schluss noch, bezogen auf die jeweilige Pflanze, ausgeschmückt. Hier mit Eukalyptusblüten, Brombeeren (beides aus Glasperlen), echten Walnussschalenhälften und handgefilzten Rosen.

OH WEH, NIX GEWORDEN ...

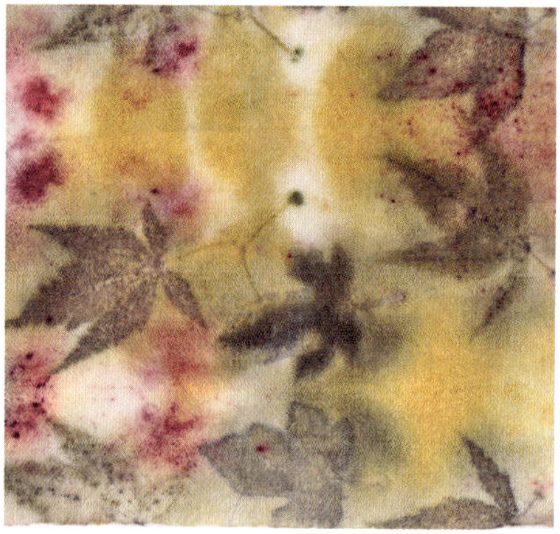

Überfärbung der gelben, wenig konturierten Blätter im Untergrund mit Ahornblättern und wenigen Krümeln Cochenille-Pulver.

... ein Ausruf, der wohl jeder Ecoprinterin und jedem Ecoprinter beim Aufrollen des Stoffes irgendwann entfährt. Denn beim Kontaktfärben muss man auf Unwägbarkeiten immer mal wieder gefasst sein, etliche unvorhersehbare Faktoren sind dieser Technik zu eigen.

Aber ob es wirklich «nix geworden» ist, kann man tatsächlich erst beurteilen, wenn der Stoff gebügelt und ausgebreitet vor einem auf dem Tisch liegt. Oftmals entdeckt man jetzt erst viel Schönes und Interessantes, was auf den ersten Blick nicht zu sehen und auch nicht zu erwarten war. Dabei ist es immer von Vorteil, wenn man im Vorfeld nicht allzu festgefügte Vorstellungen hatte.

Hier die häufigsten Fehler / Unwägbarkeiten:

ES HAT SICH KEIN BZW. NUR EIN SEHR SCHWACHER ABDRUCK ÜBERTRAGEN

- Die verwendete Pflanze gibt generell keine Farbe ab (manche Pflanzen färben eben nicht).
- Stoff und Pflanze hatten zu wenig Kontakt, weil die Rolle zu locker gewickelt war.
- Der Stoff ist aus synthetischem Material.
- Der Stoff war nicht gebeizt.
- Der Stoff enthielt Appreturen, war nicht vorgewaschen.
- Der Stoff ist schmutz- und wasserabweisend ausgerüstet.
- Die Blätte /Pflanzenteile wurden nicht mariniert.

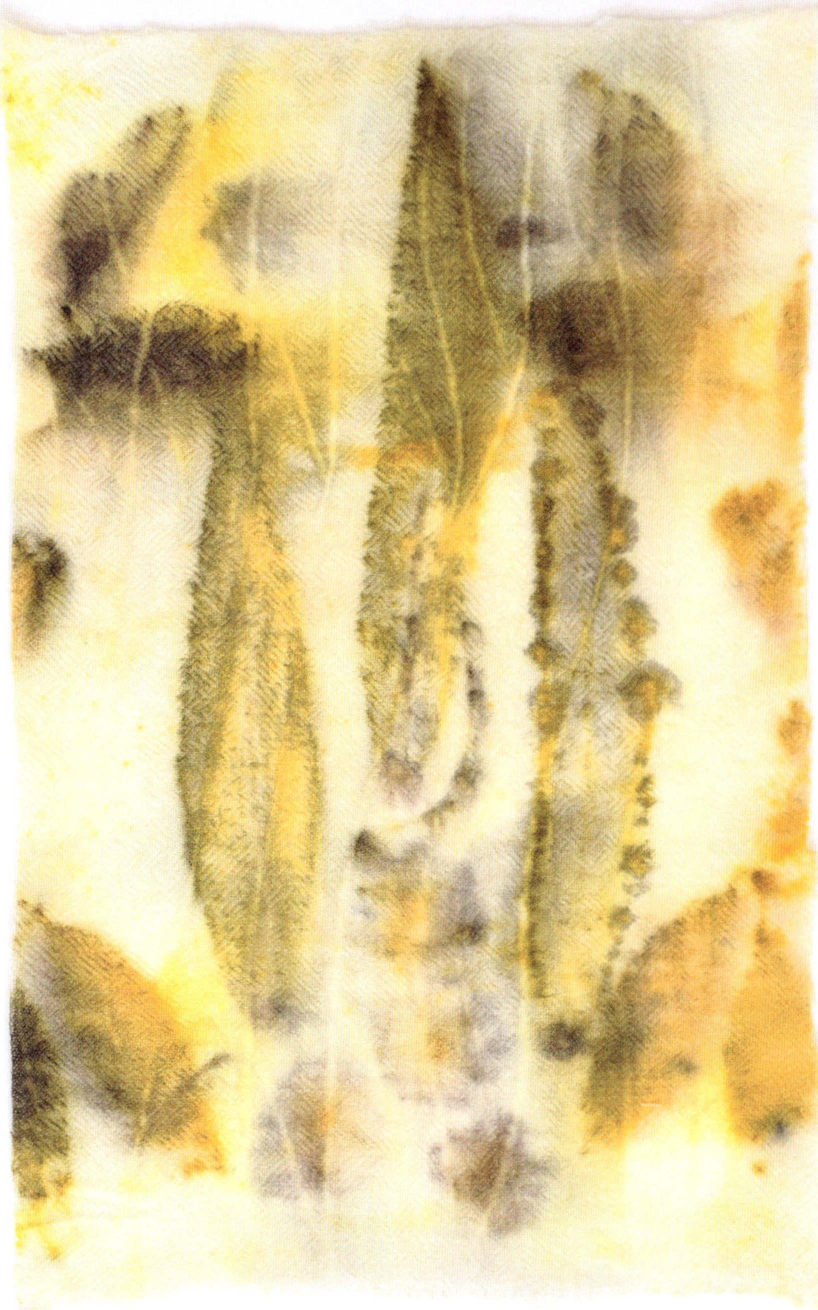

Lange, schmale Blätter vom Weidenröschen in
Rostwasser getunkt, auf Wolletamine, 3 Tage
Kaltbeize, zusätzl. in Essigwasser ausgedrückt,
4 Blüten vom Storchschnabel dazu. Überfärbung
(Eukalyptusblättchen). 10. 6. 2019
Alle Pflanzenteile frisch.
Verschnürung sichtbar.

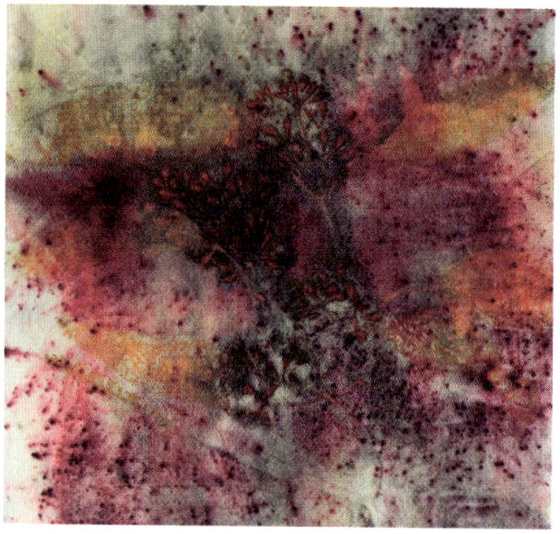

Cochenille-Pulver und verschiedene Pflanzenteile haben einen langweiligen grauen Stoff mit einer wahren Farbexplosion überfärbt.

DER DRUCK IST VERLAUFEN

- Der Stoff war beim Auflegen der Pflanzenteile zu nass.
- Blätter waren vom Marinieren zu nass.
- Die verwendeten Pflanzen enthalten naturgemäß viel Wasser (sind sehr oder zu saftig).

WAS KANN MAN TUN?

Grundsätzlich kann man Naturfaserstoffe immer überfärben / überdrucken. Oftmals entstehen auf diese Weise schöne Schattierungen, Überschneidungen und Farbmischungen und der Stoff ist nicht verloren.
Oder man freundet sich mit dem Ergebnis an, so wie es ist, deutet es positiv um und setzt den Stoff dort ein, wo er passt. Zum Schluss bleibt immer noch die Möglichkeit, die gelungenen Passagen des Stoffes für Passepartout-Klappkarten auszuschneiden.
Einen sehr blassen Druck kann man nachdunkeln, indem man den Stoff für einige Sekunden (höchstens 1 Minute) in Eisensulfatlösung (siehe Seite 96) taucht. Dieser kleine Trick sollte aber die Ausnahme bleiben.

Rechts: Verschwommene Blattformen wurden mit einem Eukalyptuszweig und Cochenille-Krümeln überdruckt.

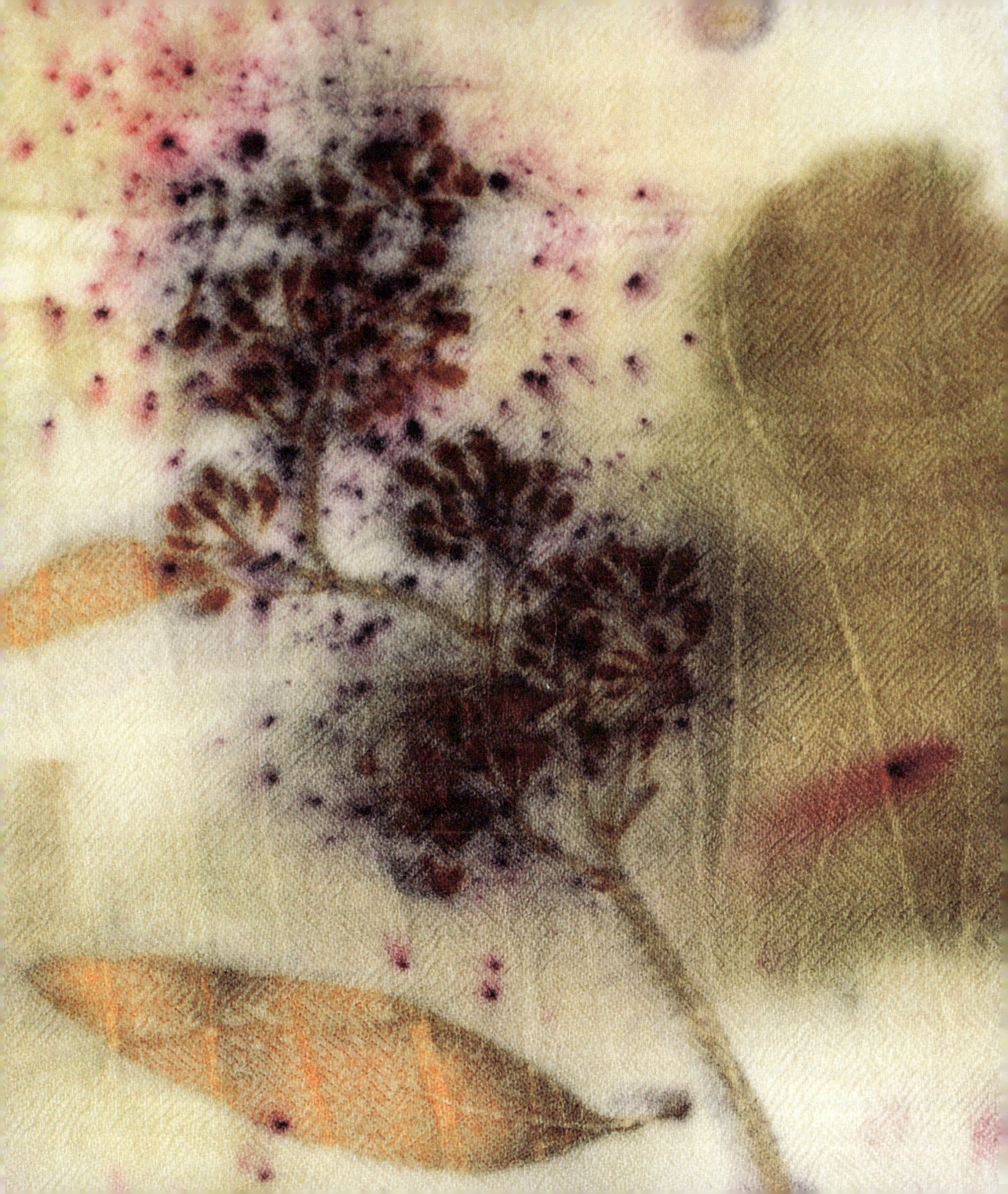

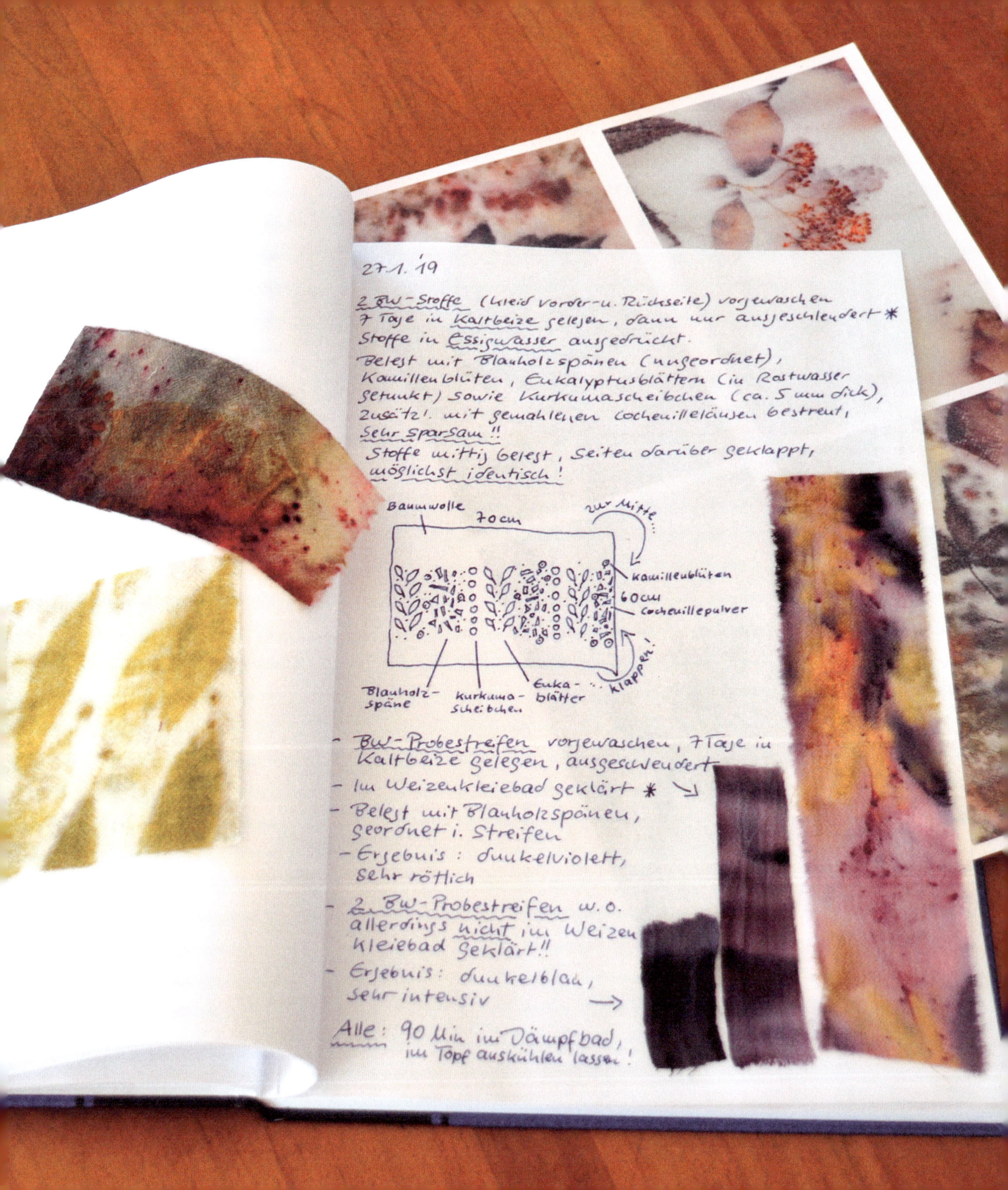
27.1.19
2 BW-Stoffe (Kleid Vorder- u. Rückseite) vorgewaschen
7 Tage in Kaltbeize gelegen, dann nur ausgeschleudert *
Stoffe in Essigwasser ausgedrückt.
Belegt mit Blauholzspänen (ungeordnet),
Kamillenblüten, Eukalyptusblättern (in Rostwasser
getunkt) sowie Kurkumascheibchen (ca. 5 mm dick),
zusätzl. mit gemahlenen Cochenilleläusen bestreut,
sehr sparsam!!
Stoffe mittig belegt, Seiten darüber geklappt,
möglichst identisch!
Baumwolle
70cm
zur Mitte…
Kamilleblüten
60cm
Cochenillepulver
klappen!
Blauholz-späne
Kurkuma-scheibchen
Euka-blätter
- BW-Probestreifen vorgewaschen, 7 Tage in Kaltbeize gelegen, ausgeschleudert
- Im Weizenkleiebad geklärt *
- Belegt mit Blauholzspänen, geordnet i. Streifen
- Ergebnis: dunkelviolett, sehr rötlich
- 2. BW-Probestreifen w.o. allerdings nicht im Weizen kleiebad geklärt!!
- Ergebnis: dunkelblau, sehr intensiv
Alle: 90 Min im Dämpfbad, im Topf auskühlen lassen!

DOKUMENTIEREN

Um auch später noch nachvollziehen zu können, wie die einzelnen Arbeitsabläufe waren, kann man z.B. eine Kladde anlegen. Darin sind verzeichnet: das Datum, die verwendeten Pflanzen (zu welcher Jahreszeit und wo gesammelt usw., getrocknet oder frisch), die Beize, ob und wie «mariniert» wurde sowie die Stoffart. Erwähnt werden Vorfärbungen, Überfärbungen, Dämpfdauer; eben alles, was einem wichtig erscheint. Nicht zu vergessen: Auch Fehlschläge gehören hinein! Stoffpröbchen und Skizzen runden das Ganze ab. Mit der Zeit kann so ein wertvolles und auch optisch reizvolles Nachschlagewerk entstehen. Größere Probefärbungen werden auf Karton aufgezogen, mit den Färberezepten versehen und in einer Mappe aufbewahrt. Oft ist einem bis dahin gar nicht aufgefallen, wie schön manche sind, sodass sich sogar das Einrahmen lohnt.
Hat man viele kleinere Stoffstückchen (Reste vom Zuschneiden, Probeläppchen etc.), so kann man sie in Passepartout-Klappkarten (kleines Foto rechts) wunderbar zur Geltung bringen. Die Färberezepte werden dann innen oder rückseitig fürs eigene Archiv notiert.
Solche Karten sind auch etwas Besonderes zum Versenden und Verschenken.

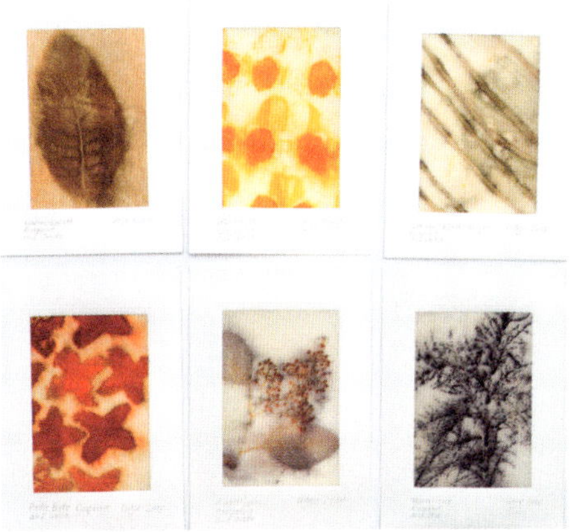

Nächste Doppelseite: Größere Stoffproben zieht man auf Karton auf, beschriftet sie und verwahrt alles in einer Mappe. Ein wahrer Schatz!

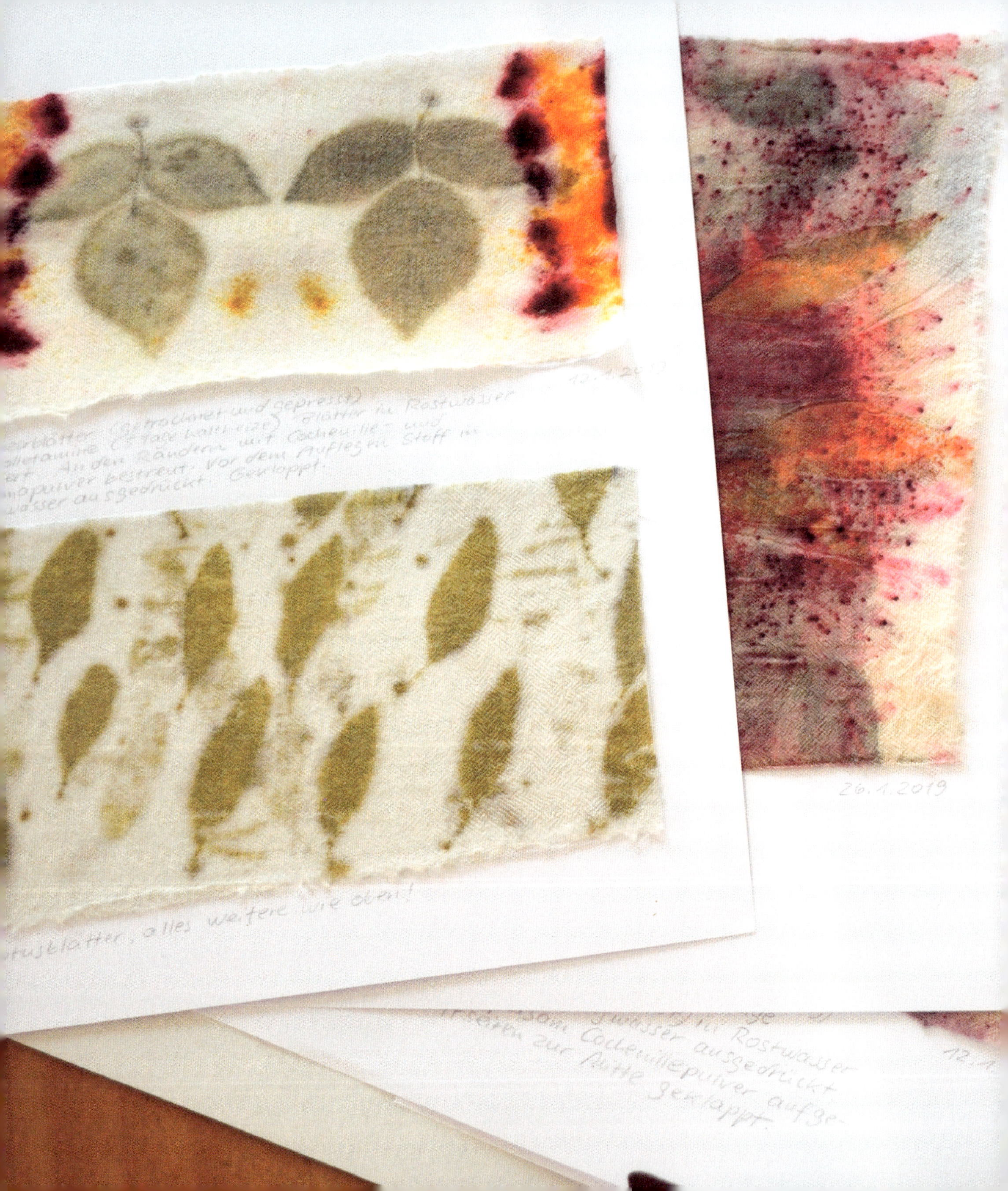

alles weitere wie oben!
26.1.2019
Cochenillepulver aufge-

27.1.2019
Tradeskantie-
ranke (frisch)
auf Wolletamine
Beize: 5 Tage
Kaltbeize
Stoff in Essig-
wasser ausge-
drückt.
Ranke vor dem
Einrollen mit
Folie abgedeckt.

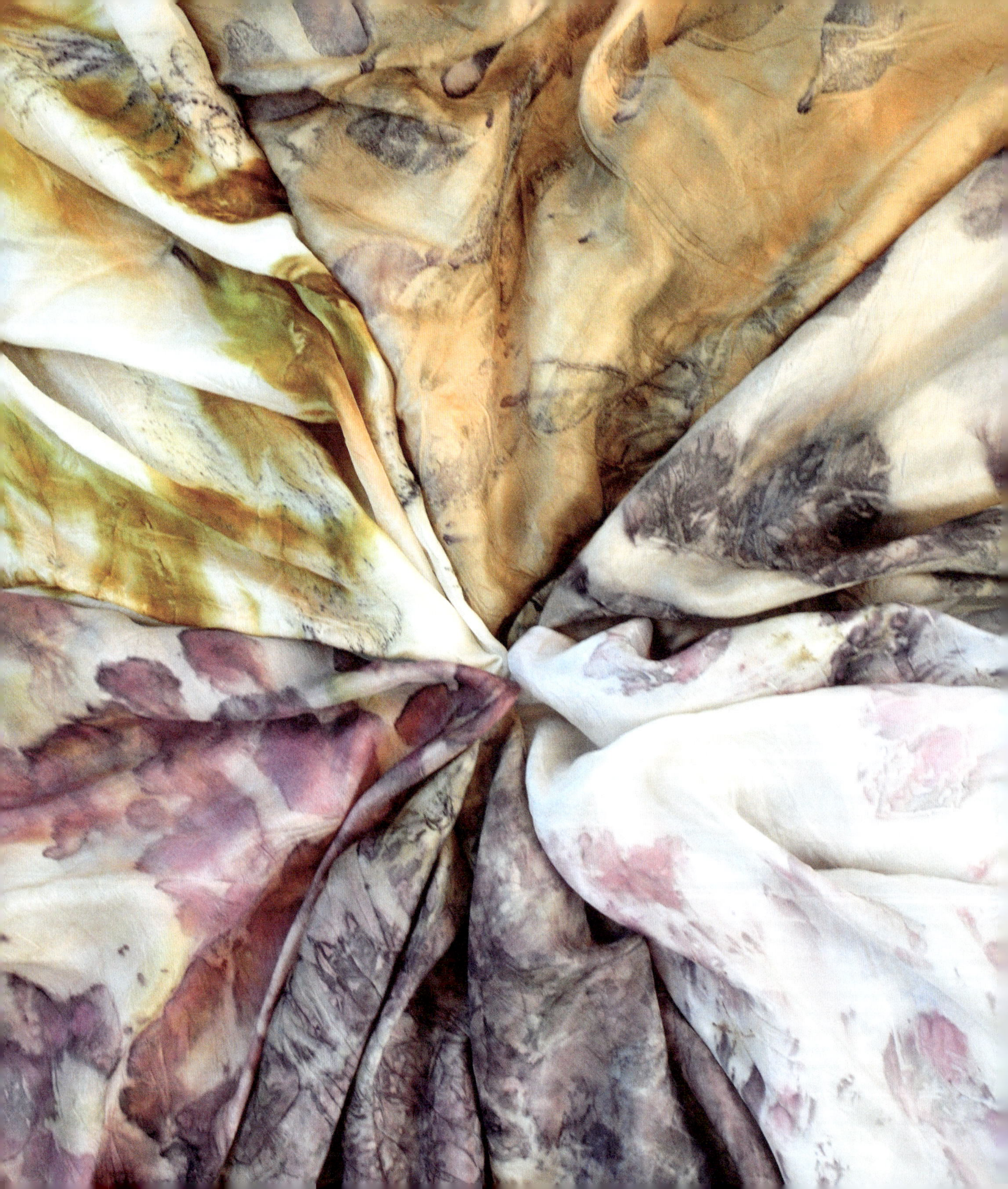

STOFFGALERIE

Im vorderen Teil dieses Buches (ab Seite 17) wurden viele verschiedene Pflanzen und ihre Färbeeigenschaften vorgestellt.
Die meisten lassen sich wunderbar miteinander zu tollen und ungewöhnlichen Stoffkreationen kombinieren. Manche Pflanzen eignen sich beispielsweise besonders gut, um den Hintergrund und die Umrandung der Gestaltung zu bilden (daher sind auch schwach färbende Pflanzen wichtig), andere dominieren, wieder andere unterstützen sich gegenseitig und gleichberechtigt in ihrer Wirkung. Für Kreative tut sich hier ein weites Feld mit schier unerschöpflichen Möglichkeiten auf. Die folgende Stoffgalerie auf den nächsten Seiten möchte Lust darauf machen, dieses Feld zu erkunden.
Unsere pflanzengefärbten Stoffe passen ja besonders gut zu Vintage-Look, Landhausstil, Ethno-Look und Shabby-Chic.
Am Anfang jedoch sollte man sich einfach mal ganz frei dem Vergnügen des Färbens und Druckens hingeben, ohne zu überlegen, was denn aus den Stoffen entstehen könnte.
Ich habe einen ganzen Stoß schöner Stoffe, die mir im Augenblick noch viel zu schade zum Zerschneiden sind. Von Zeit zu Zeit falte ich sie auseinander und schaue sie an, und manchmal fällt mir dann ganz spontan ein Verwendungszweck ein. Anregungen finden Sie ab Seite 129.
Manche hänge ich eine Weile auf, z. B. als Banner, Bild und Blickfang im Haus.
Alle hier beschriebenen und abgebildeten Stoffe wurden mit Tonerde-Kaltbeize (siehe Seite 98)vorbehandelt. Zusätzlich wurden die meisten Stoffe vor dem Auflegen der Pflanzenteile in Essigwasser ausgedrückt, alle Baumwollstoffe im Weizenkleiebad (siehe Seite 100) gespült.
Man sollte bedenken, dass die Stoffe zwar feucht, jedoch nicht klatschnass sein sollten, damit die Abdrücke nicht zu sehr verschwimmen.

Links: Seidentücher-Kollektion

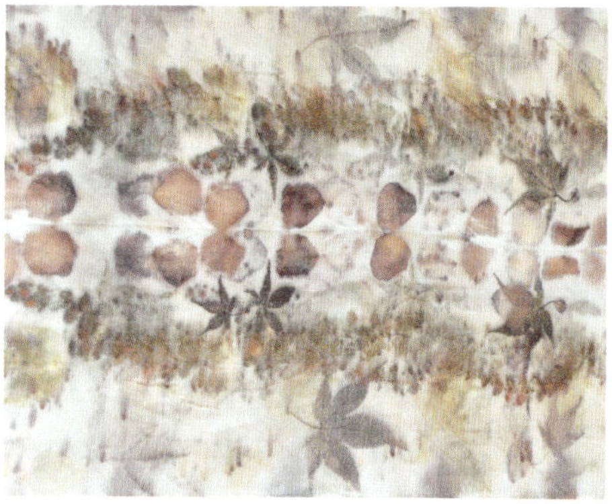

Berberitze, Rosenblätter und Fächerahorn auf Wollstoff, alle Blätter – außer Rosen – in Eisensulfatlösung mariniert

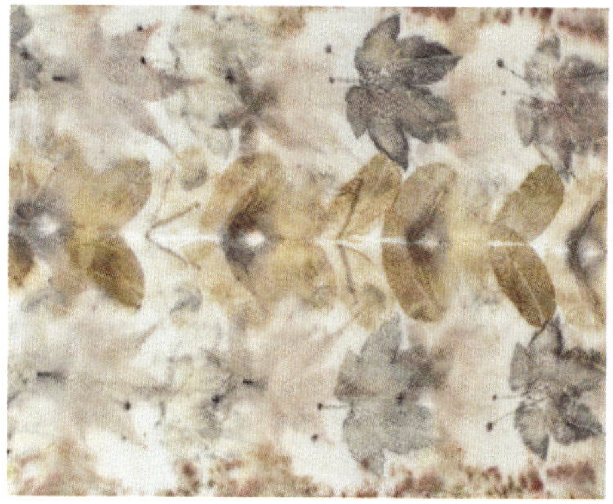

Walnussblätter, Ahorn und Berberitze auf Wollstoff, alle Blätter in Eisensulfatlösung mariniert

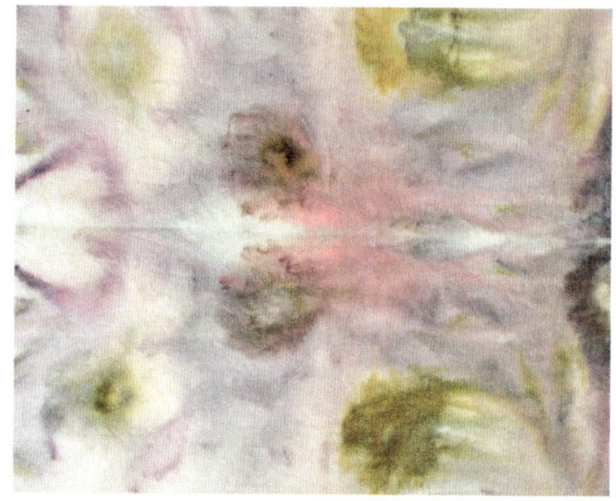

Dahlien auf Wollstoff, alle Pflanzenteile in Rostwasser mariniert

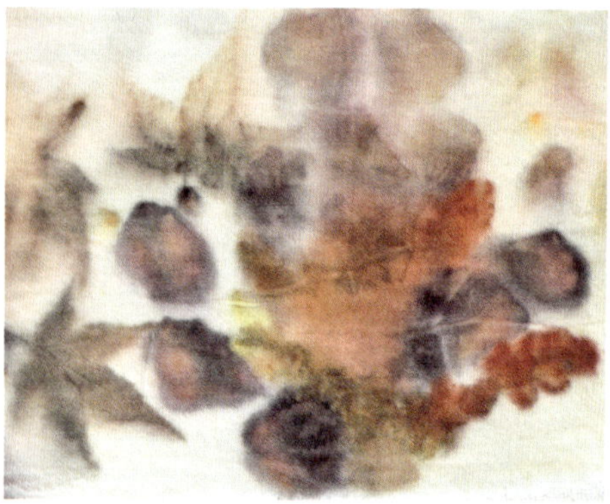

Berberitze, Rosenblütenblätter und Ahornblätter auf Wollstoff, Pflanzenteile außer Rosenblätter in Eisensulfatlösung mariniert

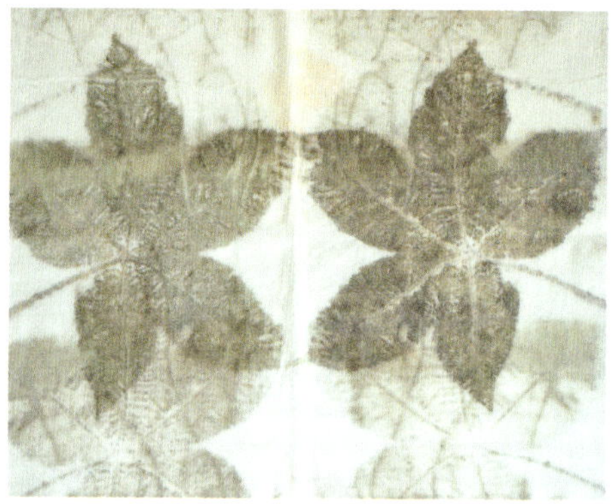

Kastanienblatt auf Wollstoff, Blatt in Rostwasser mariniert

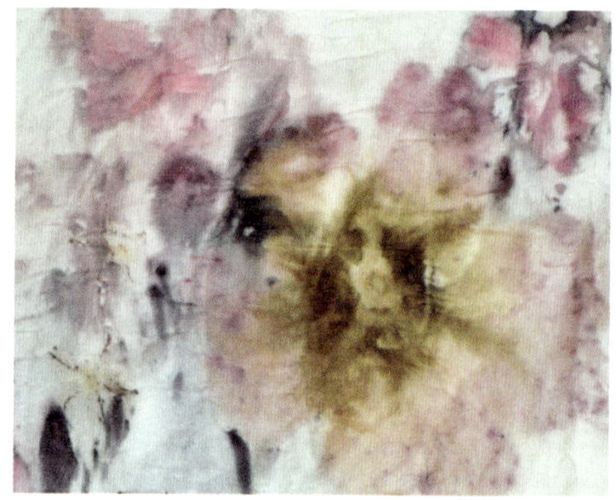

Riesenhibiskus und Rosenblütenblätter auf Seide, alle Pflanzenteile in Eisensulfatlösung mariniert

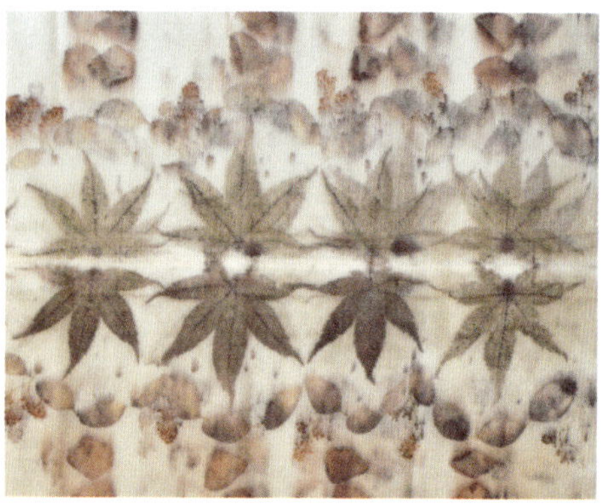

Ahorn-, Eukalyptus- und Rosenblätter auf Wollstoff, alle Blätter in Eisensulfatlösung mariniert

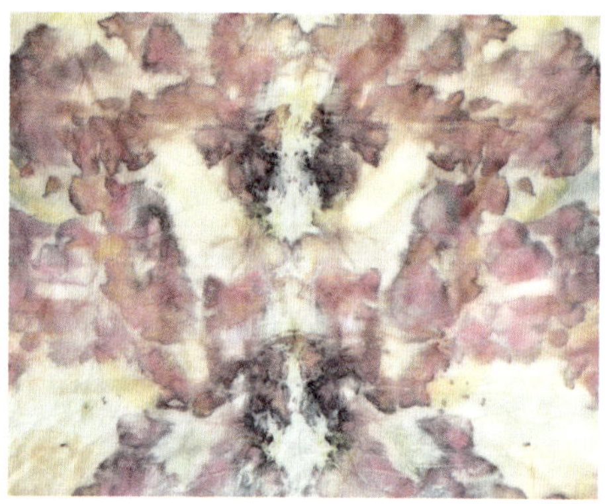

Rosenblätter auf Seide

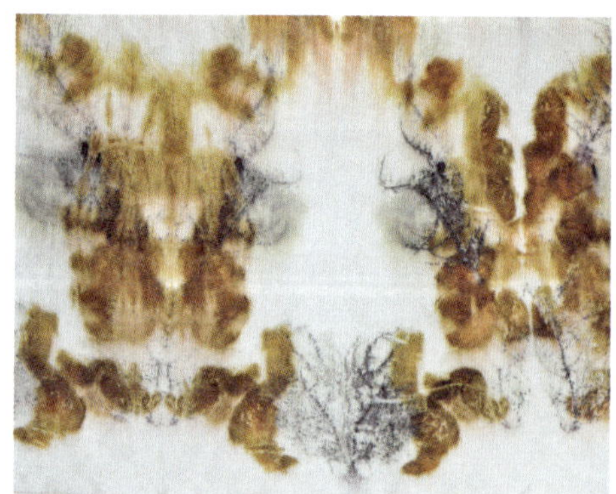

Zwiebelschalen und Tamariskenzweige auf Seide, Tamariskenzweige in Rostwasser mariniert

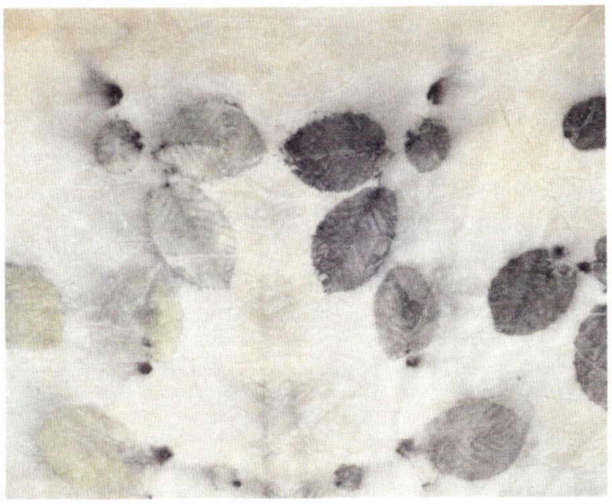

Buchenblätter auf Seide, Blätter in Eisensulfatlösung mariniert

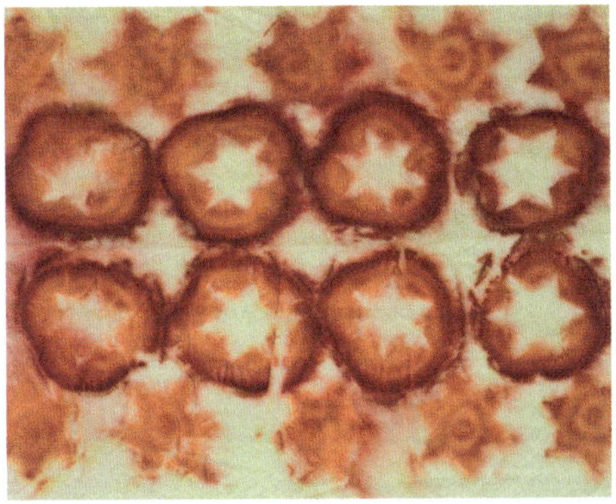

Rote Bete auf Wollstoff, in Essigwasser ausgedrückt

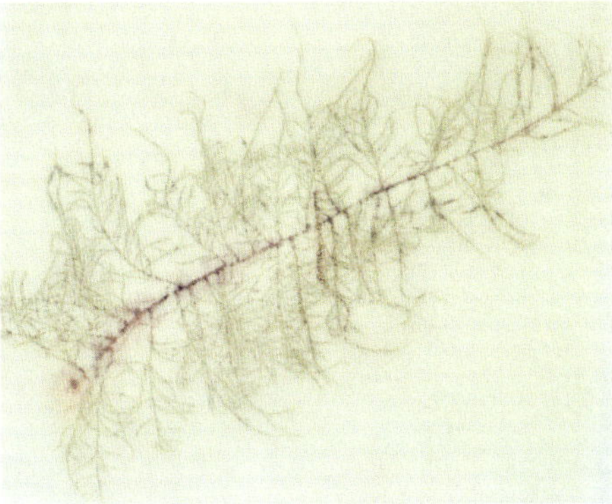

Tamariskenzweige auf Wollstoff, Zweig in Rostwasser mariniert

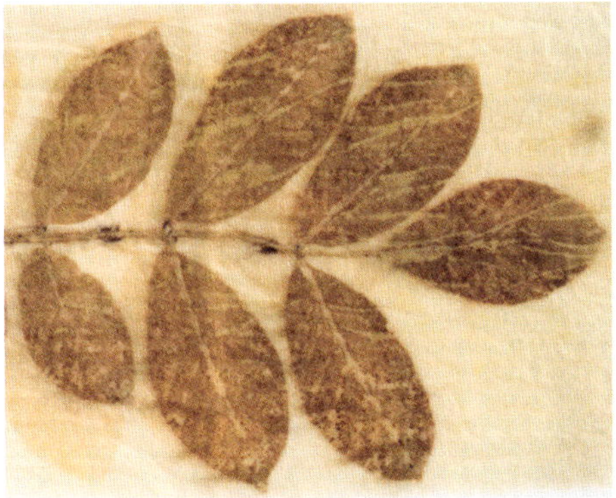

Walnusszweig auf Wollstoff, Blätter in Rostwasser mariniert

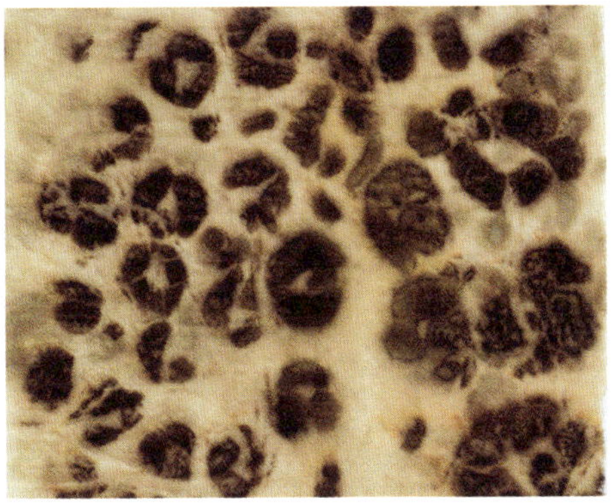

Grüne Walnussschalen, geschnitten, auf Wollstoff

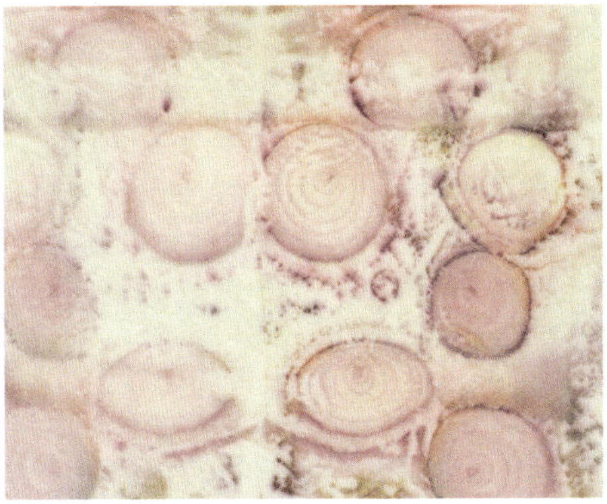

Zwiebelringe auf Wollstoff

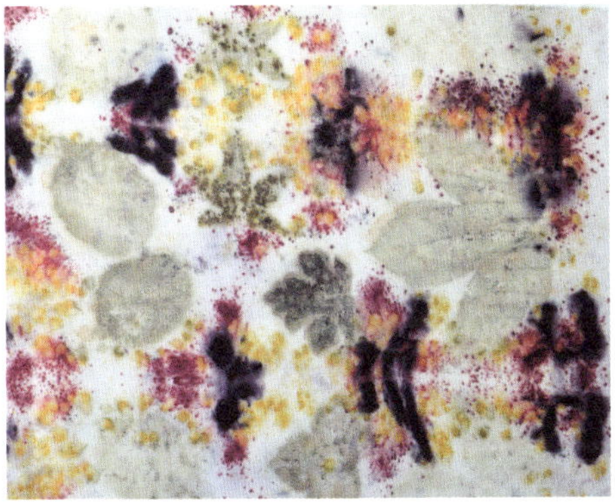

Amberbaun-, Walnuss- und Haselnussblätter, Blauholz und Cochenille auf Baumwollstoff in Weizenkleiebad geklärt, alle Blätter in Rostwasser mariniert

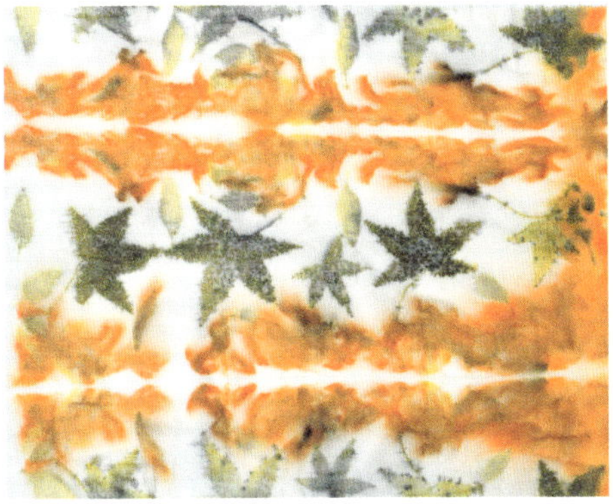

Dahlienblütenblätter, Amberbaum- und Eukalyptusblätter auf Wollstoff, Laubblätter in Rostwasser mariniert

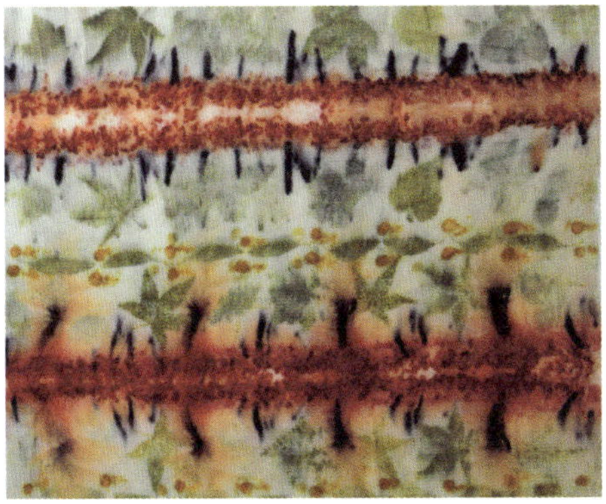

Krappwurzel, Blauholz, Kurkuma, Ahorn- und Eukalyptusblätter auf Wollstoff, Blätter in Rostwasser mariniert

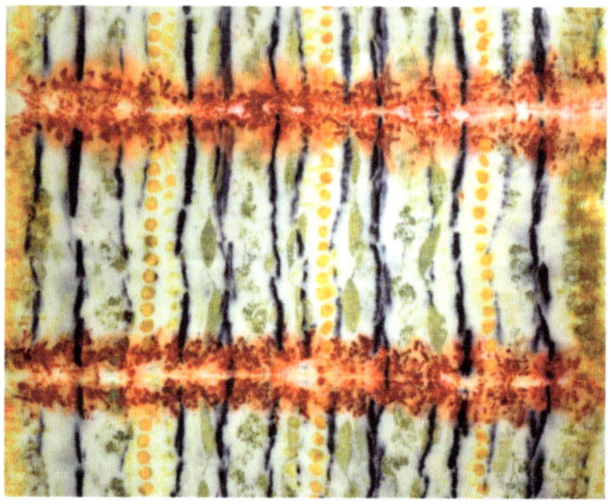

Krappwurzel, Blauholzspäne, Eukalyptusblätter und Kurkuma auf Wollstoff, Blätter in Rostwasser mariniert

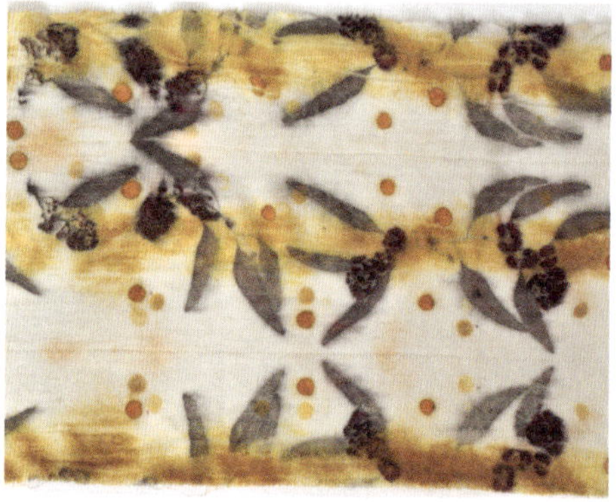

Eukalyptusblätter, Kurkumascheibchen und -pulver auf Wollstoff in Eisensulfatlösung ausgedrückt, dann mit klarem Wasser gespült, Eukalyptusblätter in Rostwasser mariniert

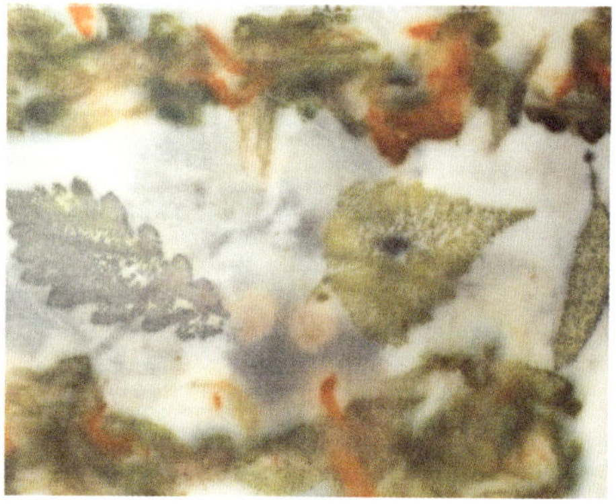

Getrocknete Dahlienblütenblätter am Rand, Eichen-, Birken- und Eukalyptusblätter auf Wollstoff, Blätter in Rostwasser mariniert

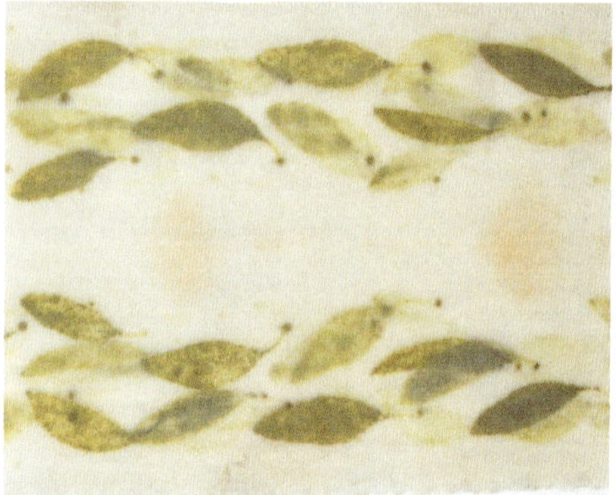

Eukalyptusblätter auf Wollstoff (Saumstreifen), Blätter in Rostwasser mariniert

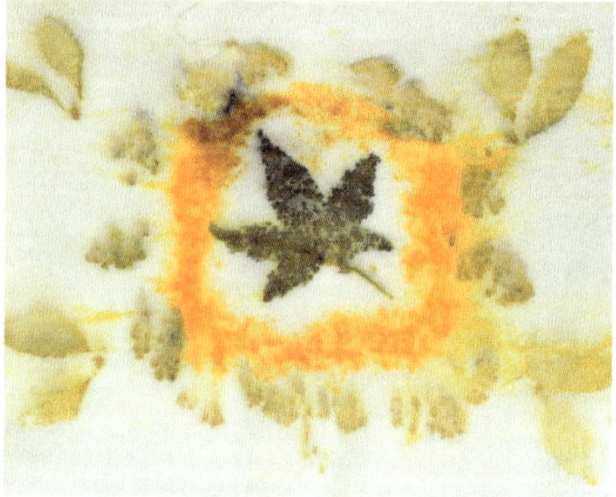

Amberblätter, Eukalyptusblätter und Kurkumapulver auf Wollstoff, Blätter in Rostwasser mariniert

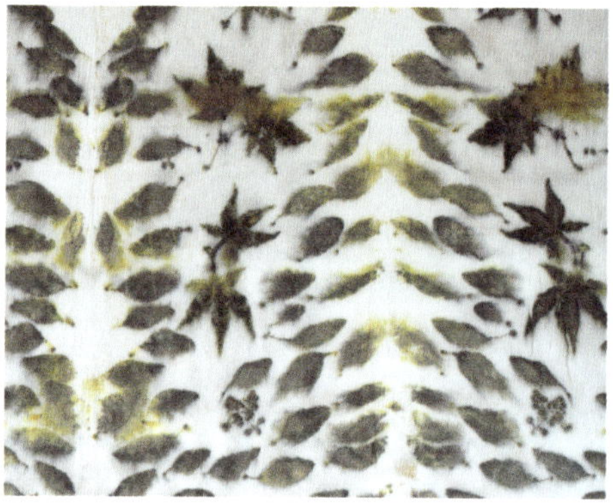

Ahorn- und Eukalyptusblätter auf Wollstoff in Eisensulfatlösung ausgedrückt, danach in klarem Wasser gespült, Blätter in Rostwasser mariniert

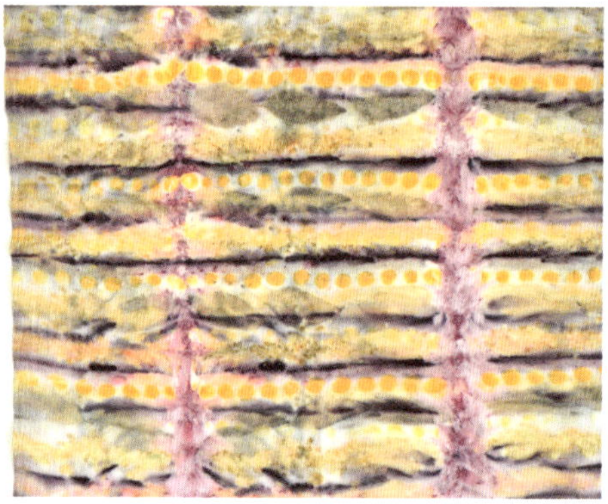

Blauholzspäne, Kurkuma, Cochenille, Kamille und Eukalyptusblätter auf Baumwollstoff in Weizenkleiebad gespült, Eukalyptusblätter in Rostwasser mariniert

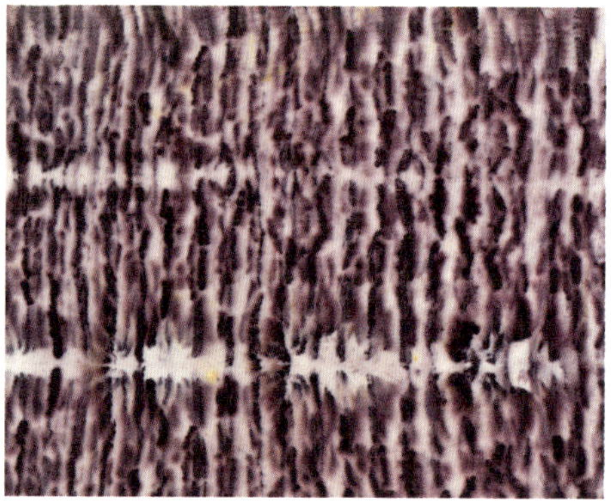

Blauholzspäne auf Baumwollstoff in Weizenkleiebad gespült

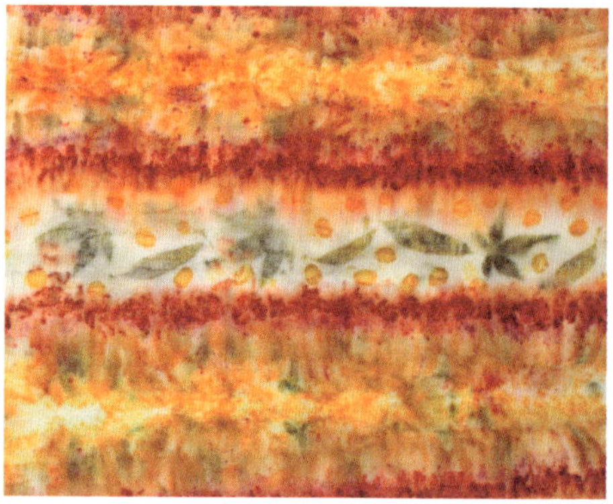

Krappwurzel, getrocknete Dahlienblütenblätter, Kurkumascheibchen, Ahorn- und Eukalyptusblätter auf Wollstoff, Blätter in Rostwasser mariniert

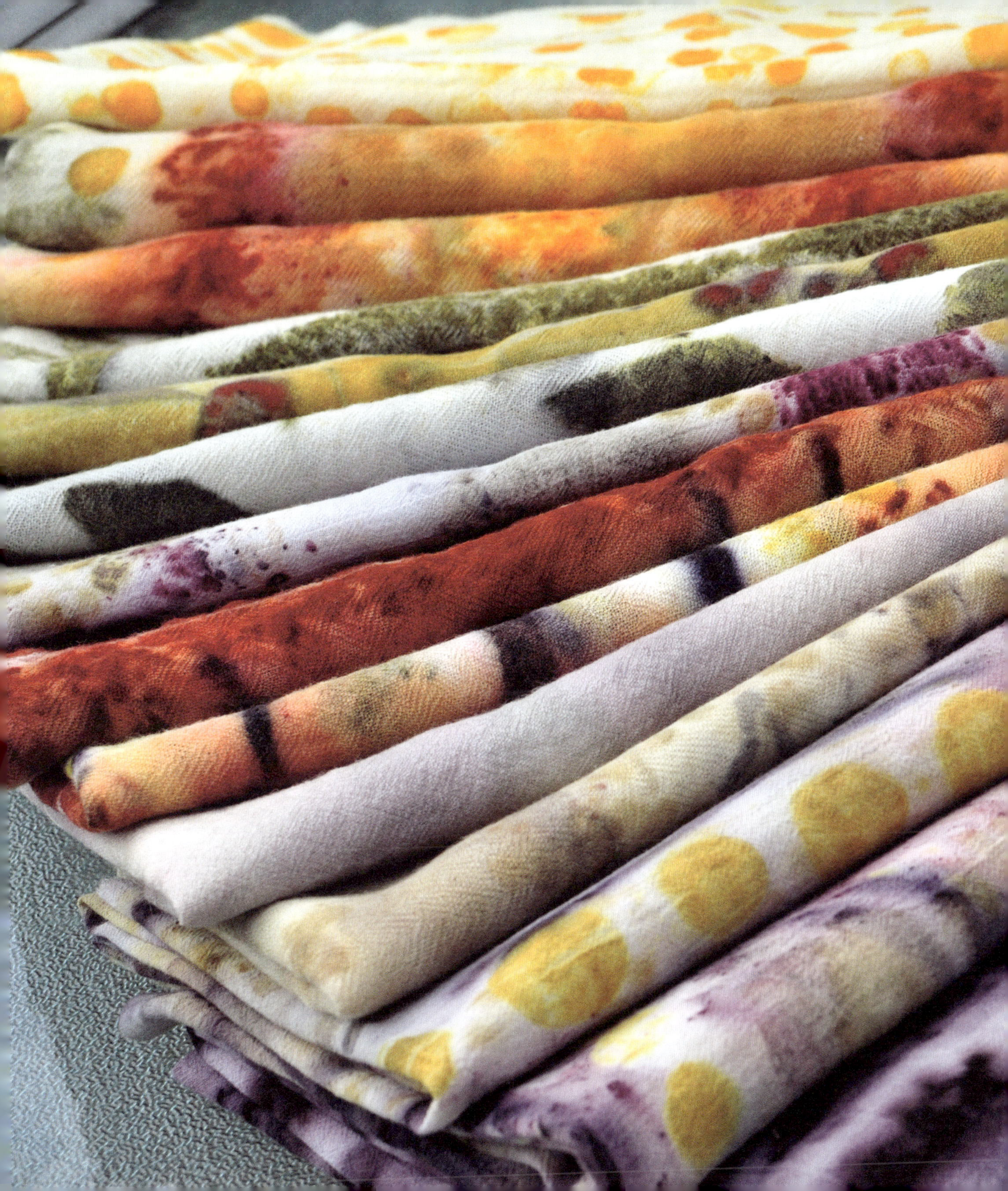

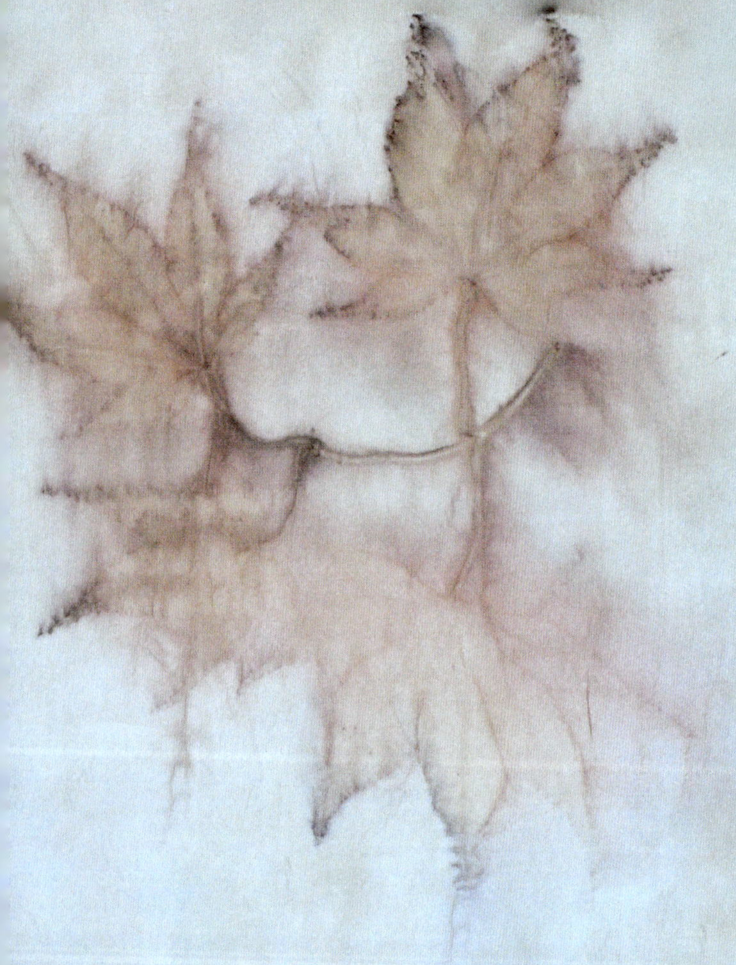

Ein hübsches Blatt fand ich kürzlich am Boden
Ich hab mich gebückt und es aufgehoben
zart geädert war es und noch mit Stiel
der Rand gezackt in rötlich und grün.

Ich trug es nach Hause und wickelte fein
das Blatt in weiche Seide ein.
Dann hinein in den Topf mit Wasser und Dampf
die warmen Tröpfchen umhüllten es sanft.

Am Tag darauf rollte ich es auf
und glaubte kaum, was ich da sah:
Auf meiner Seide als braunrosa Hauch
das Bild von dem Blättchen ganz wunderbar.

A. Woge

ANWENDUNGSBEISPIELE

Auf den folgenden Seiten finden Sie eine kleine Auswahl an Ideen, was aus den Stoffen entstehen könnte. Lassen Sie sich inspirieren – und dann Ihrer Fantasie freien Lauf ...

Für ein Kleid schneidet man die Teile (Ärmel, Passen, Träger etc.) vor dem Kontaktfärben aus dem vorgewaschenen und gebeizten trockenen Stoff zu. Dann kann man die Blätter und Pflanzenteile ganz gezielt und passgenau auflegen und dabei z. B. einer Rundung folgen und muss später keine schönen Druckpartien zerschneiden (siehe Seite 106). Ein Lampenschirmbezug wird auf die gleiche Weise hergestellt.

Hübsche Passepartout-Klappkarten entstehen aus Reststückchen, auch Kräutersäckchen kann man daraus nähen.

Wenn man immer mal wieder Probestöffchen mit auf die reguläre Rolle wickelt und mitdämpft, kommt mit der Zeit ein interessantes Repertoire zusammen. Schneidet man die Stoffstückchen von vornherein alle im gleichen Format zu, hat man bald genügend Material für eine Patchworkdecke. Auch weniger perfekte Drucke finden in der Symphonie des Ganzen hier einen berechtigten Platz. Meine Patchworkdecke ist schnell zum Lieblingsstück avanciert, denn jedes Quadrat hat etwas zu erzählen: Auf welchem Spaziergang ich dieses Blatt gefunden habe und dass jenes Blatt etwas zu viel Rostwasser abbekommen hat, und ich erinnere mich an den Blumenstrauß, dessen Bestandteil der Eukalyptuszweig war, der nun auf Stoff gebannt ist.

Weitere Dinge, die man besonders gut aus Ecoprint-Stoffen herstellen kann: Tischläufer und Tischbänder, Schals, Loops und Schultertücher, Buchhüllen, Saumstreifen für Vorhänge, Kissenbezüge, Bilder zum Rahmen u. v. m.

Auch gebrauchte T-Shirts, Baumwollkleider etc. lassen sich durch Färben und Bedrucken verwandeln.

Alle Stoffe der nun folgenden Beispiele wurden etwa 3 Tage im Tonerde-Kaltbeizebad gebeizt und vor dem Auflegen der Pflanzenteile in Essigwasser gespült, alle Baumwollstoffe zusätzlich im Weizenkleiebad geklärt. Der größte Teil der Laubblätter wurde in Rostwasser, manche auch in Eisensulfatlösung mariniert.

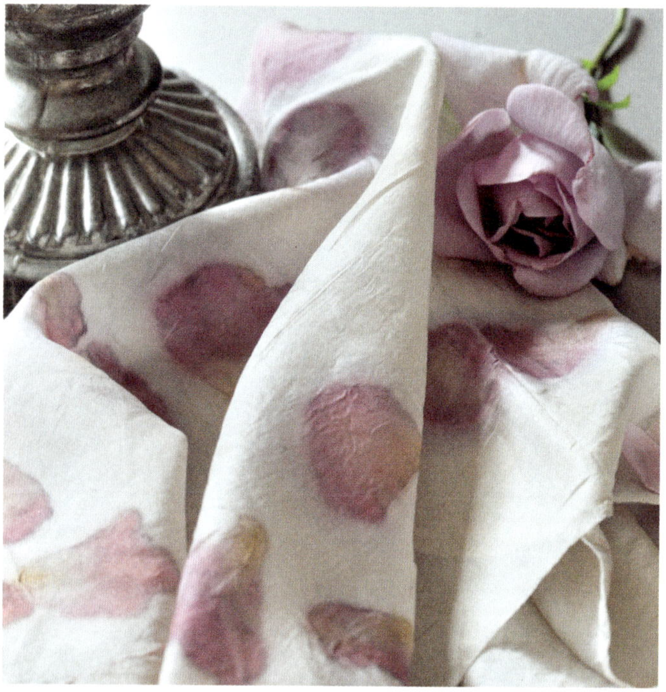

Dornröschens Taschentuch: Seide, Rosenblätter

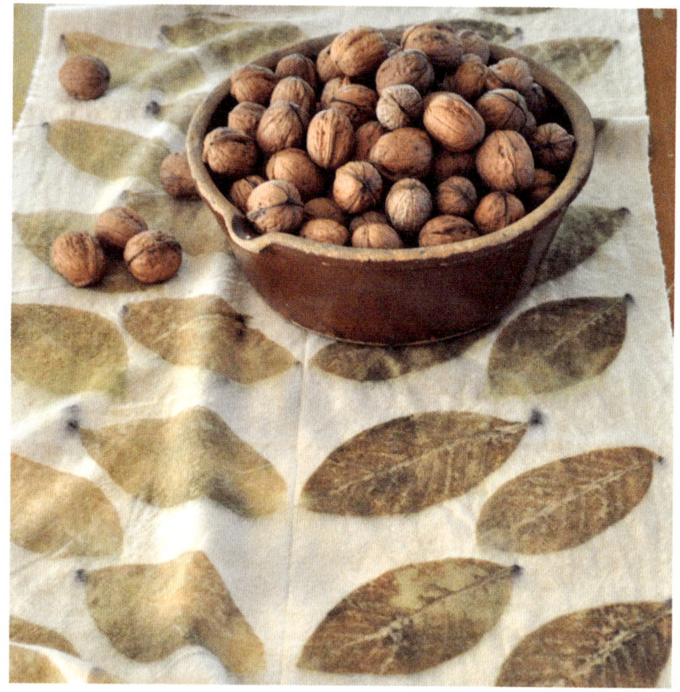

Tischläufer: Wollstoff, Walnussblätter

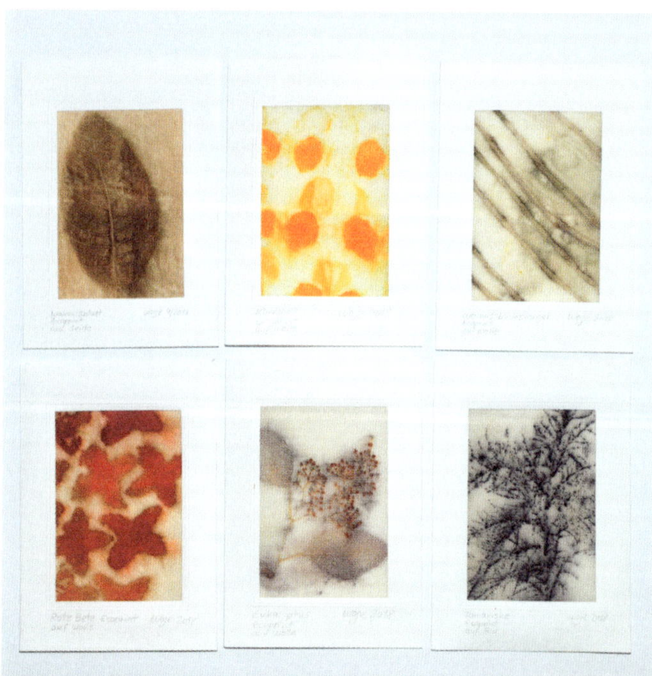

Postkarten (Passepartout-Klappkarten): diverse Stoffreste

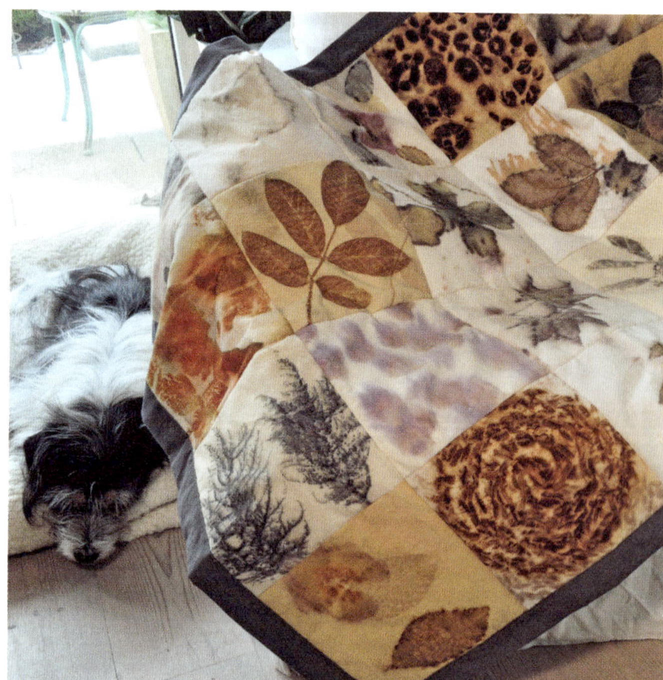

Patchworkdecke: diverse Pflanzendrucke, 20 Elemente, 25 x 25 cm

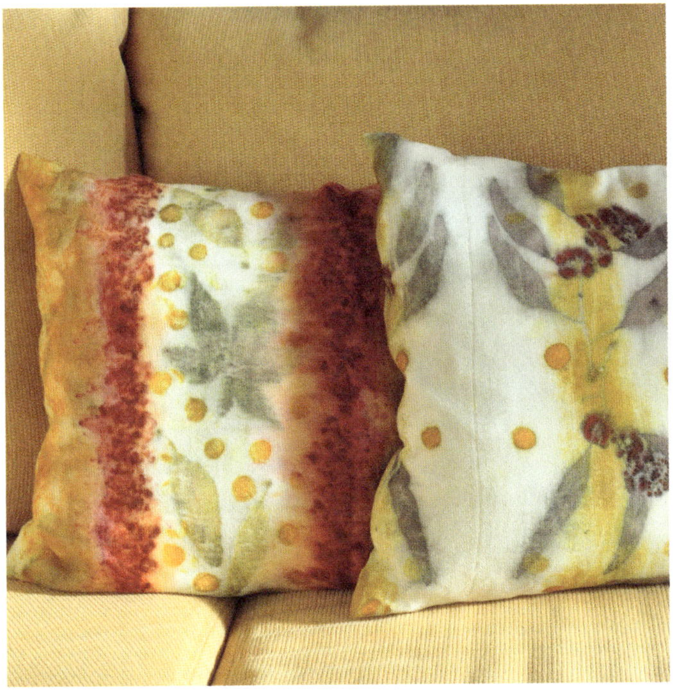

Kissen (siehe Stoffgalerie): Wollstoff

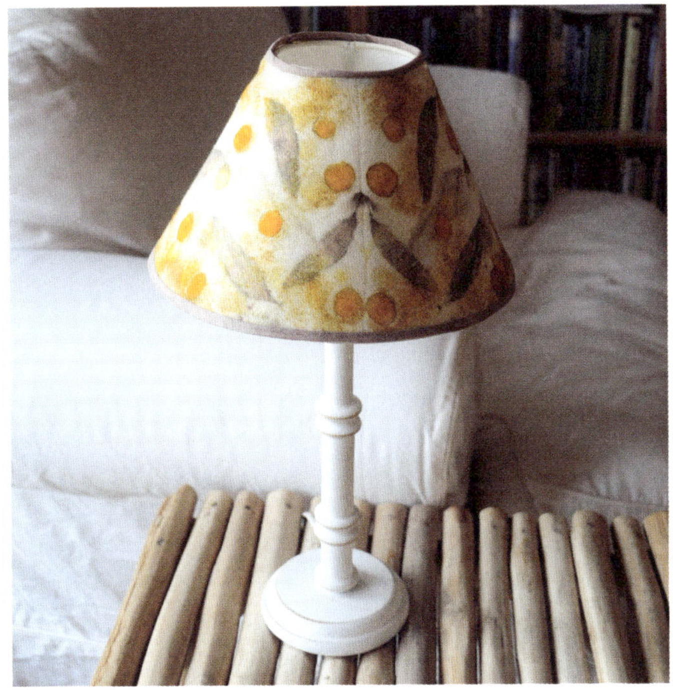

Lampenschirm: Wollstoff, Eukalyptusblätter, Kurkumascheibchen und -pulver

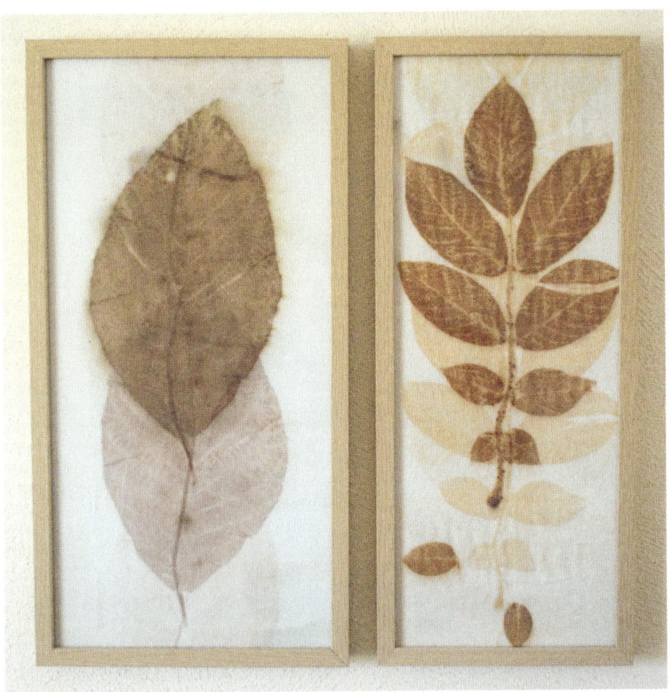

Zwei Bilder: Walnussblätter (links Riesenwalnussblatt), Wollstoff

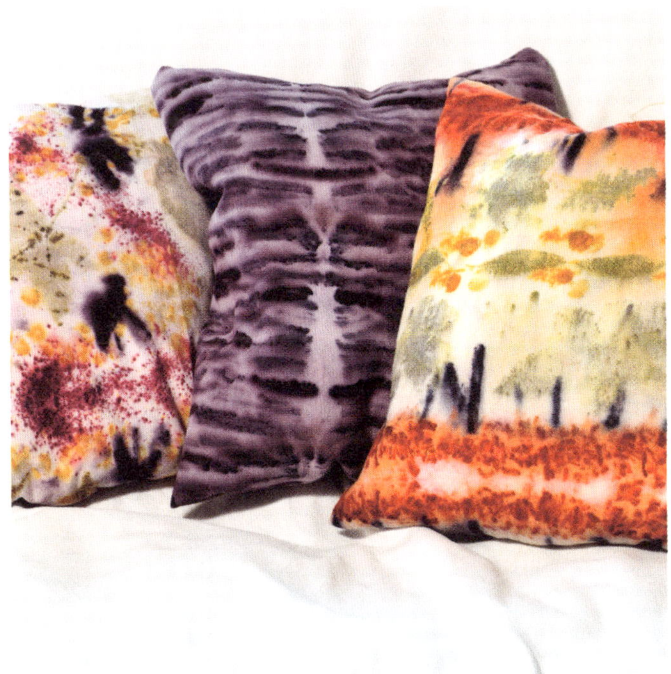

Kissen: Baumwollstoff (links und Mitte), Wollstoff (rechts)

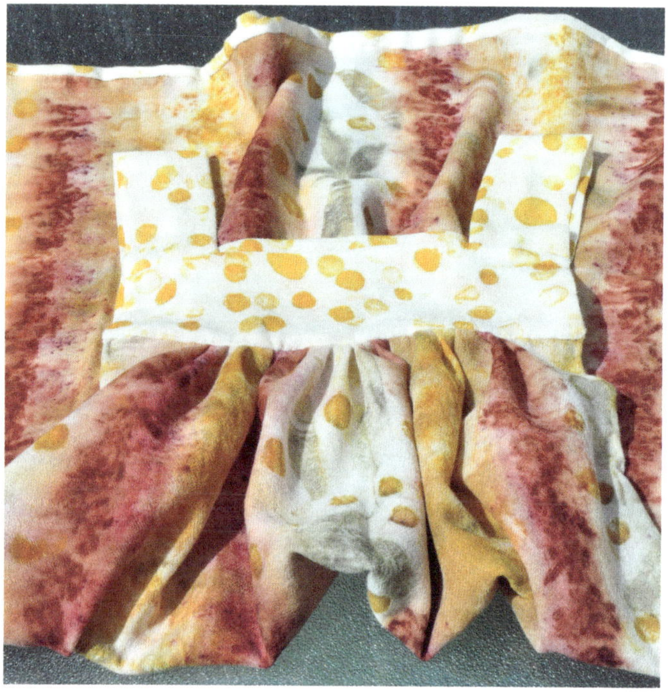

Minikleid: Wollstoff, Kurkuma, Dahlie, Krappwurzeln, Eukalyptus- und Ahornblätter

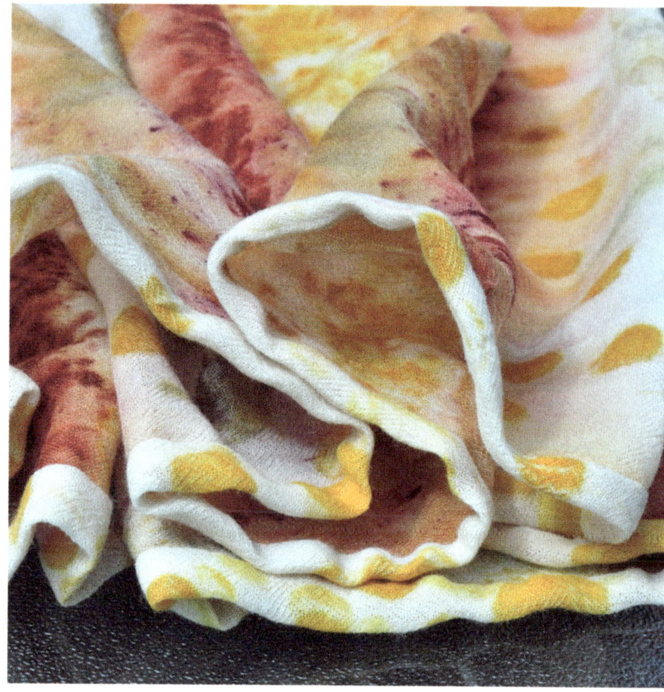

Kleidersaum

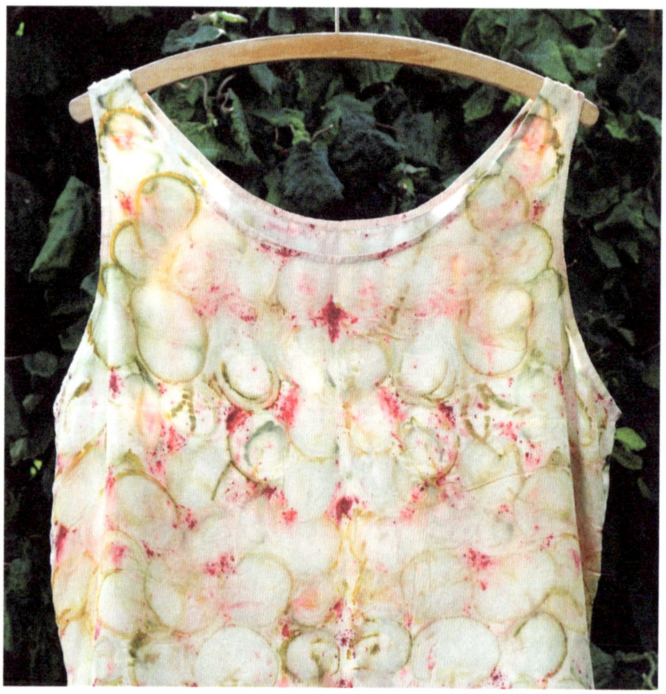

Top aus Seidensatin: Zwiebelringe und Cochenillepulver

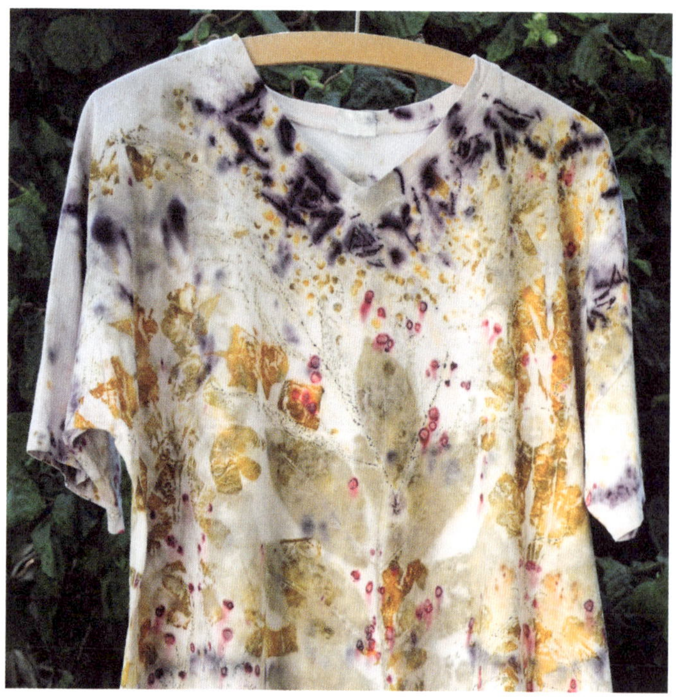

Baumwoll-T-Shirt (gebraucht), Walnussblatt, Blauholz, Cochenille-Läuse (ganz), Zwiebelschalen, Tamariskenzweige, Kamillenblüten

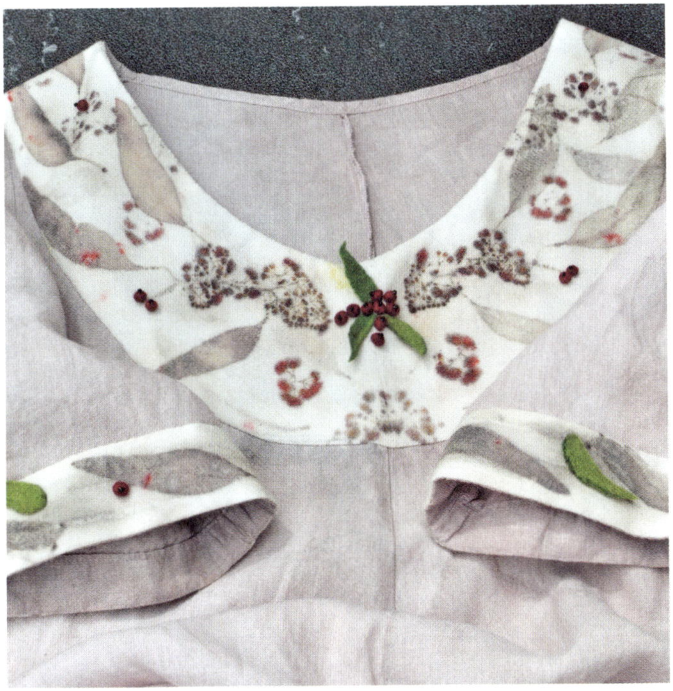

Vintage-Kleid: Mit neuer Passe und Saumstreifen, geschmückt mit Applikationen aus handgefilzten Elementen und Glasperlen

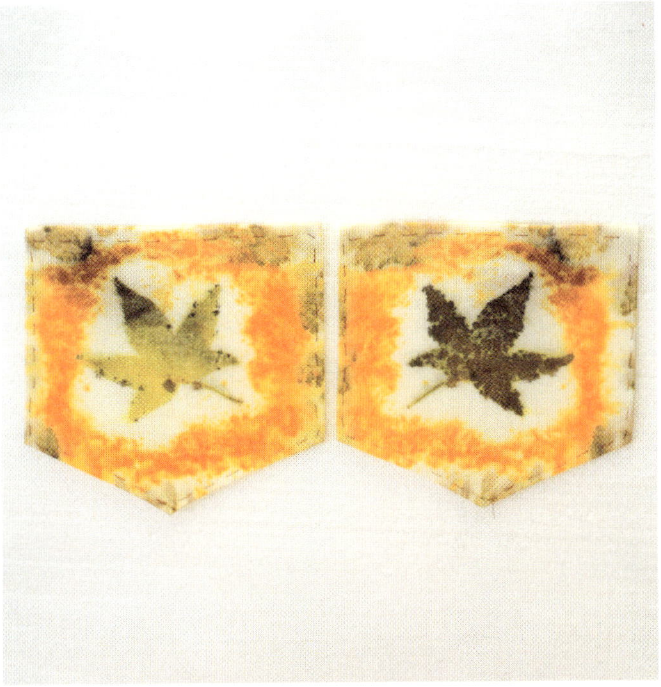

Zwei Taschen, vorbereitet zum Aufsetzen auf ein Kleid/Rock: Wollstoff, Amberblätter und Kurkumapulver

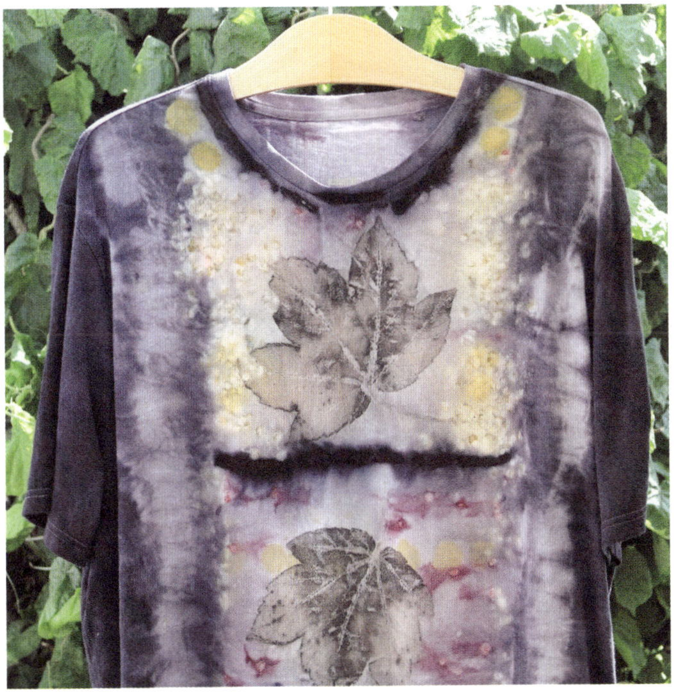

Baumwoll-T-Shirt, Reservetechnik: Kamille, Blauholz, Ahornblätter, Cochenille-Läuse (ganz), Kurkumascheibchen

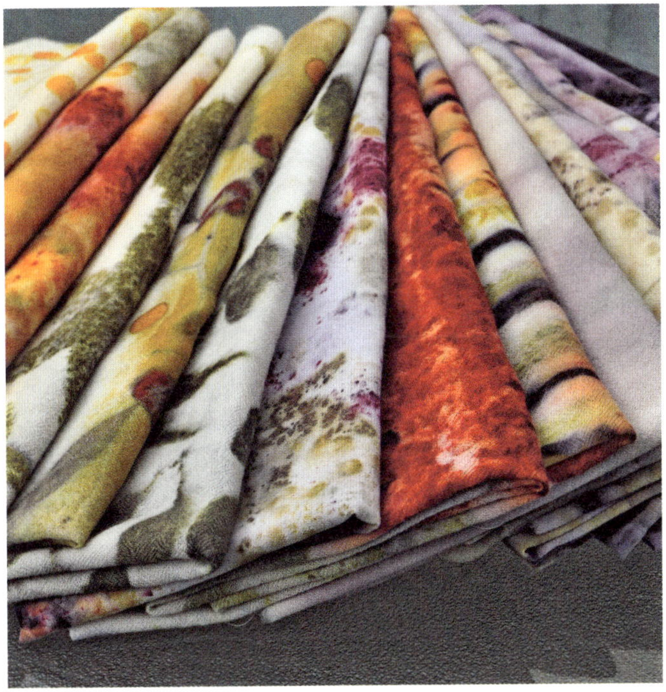

Stoffsammlung: Ich bin gespannt, was daraus im Lauf der Zeit entstehen wird …

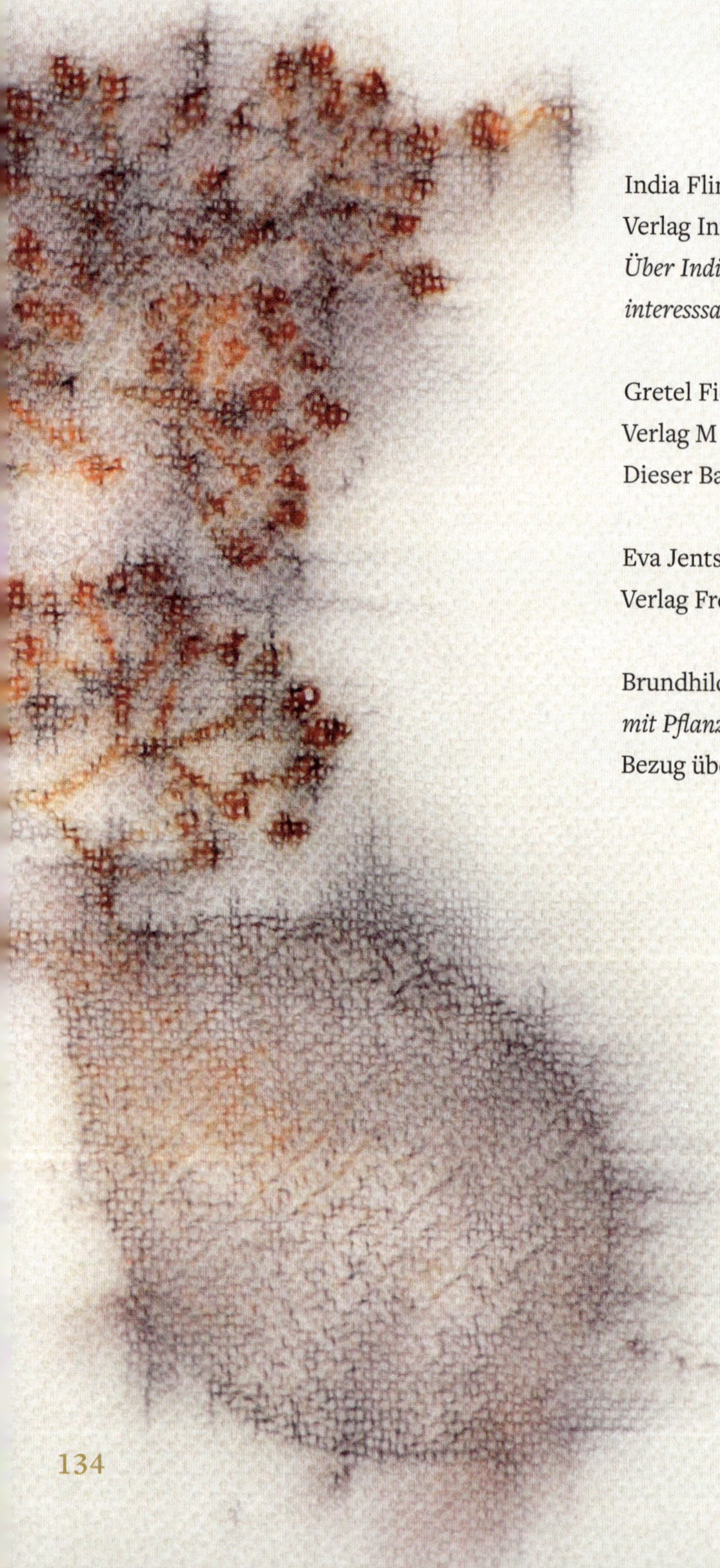

LITERATUR

India Flint, *Eco Colour: Botanical Dyes for beautiful textiles,* Verlag Interweave PR, Murdock Books, Sydney 2008.
Über India Flint und ihre Kreationen kann man auch auf YouTube interesssante Filme anschauen.

Gretel Fieler, *Farben aus der Natur,* Verlag M & H. Schaper, Hannover 1993.
Dieser Band ist nur noch antiquarisch zu erhalten.

Eva Jentschura, *Mit Pflanzen färben – ganz natürlich,* Verlag Freies Geistesleben, Stuttgart 2015.

Brundhilde & Andreas Scheidmeir, Fritz Jeromin, *Naturdruck mit Pflanzenfarben auf Stoff,* Eigenverlag
Bezug über: jeromin-shop.de

DIE AUTORIN

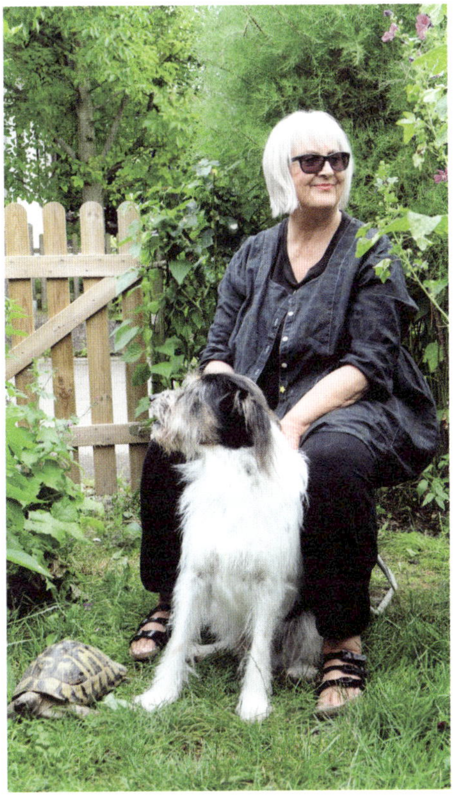

Angelika Wolk-Gerche ist Dipl.-Designerin und Autorin zahlreicher Kreativbücher. Die Kunst des Pflanzenfärbens lernte sie schon während ihres Textildesign-Studiums vor fast 50 Jahren kennen und lieben. Seitdem dampft und köchelt es immer mal wieder in ihrer Färbeküche.

Kleine Geschichten und Basteltipps von Angelika Wolk-Gerche gibt es auf YouTube und Sachen aus ihrer Werkstatt bei etsy.com, jeweils unter *nanawoge*.

DANK

All den wunderbaren Menschen, die zum Gelingen dieses Buches beigetragen haben, möchte ich von Herzen danken, nicht zu vergessen auch meine Nachbarinnen, die mir Blätter und Blüten aus ihren schönen Gärten brachten.

1. Auflage 2020

Verlag Freies Geistesleben
Landhausstraße 82, 70190 Stuttgart
www.geistesleben.com

ISBN 978-3-7725-2936-8

Fotos: Dieter Wolk, iStockphoto (S. 21, 55, 65)
Gestaltung & Satz: Bianca Bonfert
Druck: DZS Grafik, Ljubljana
Printed in Slovenia

MIX
Papier aus verantwortungsvollen Quellen
FSC® C106600
www.fsc.org

Klimaneutral
Druckprodukt
ClimatePartner.com/13357-2002-1002

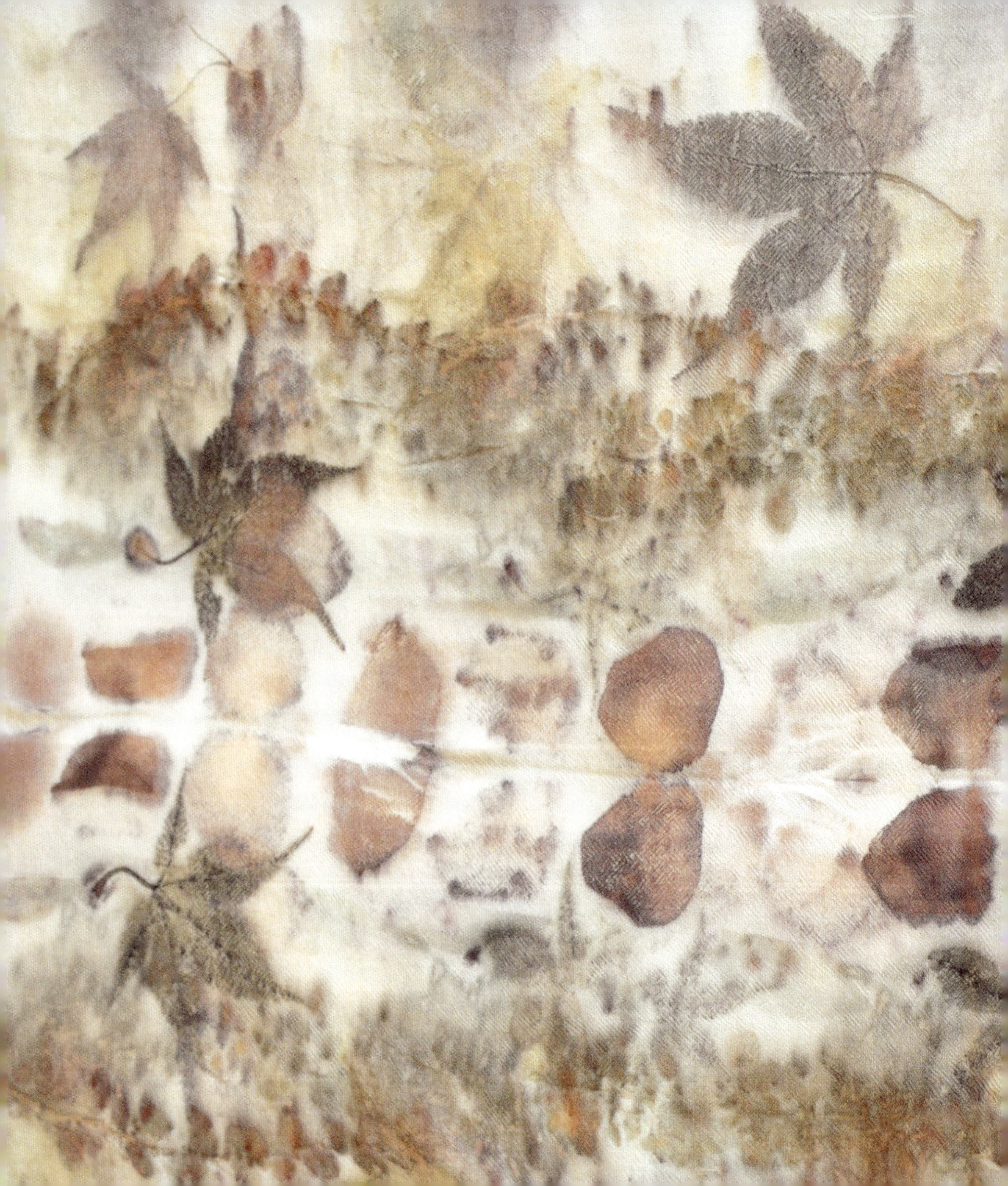